AF315289

CONSOLATION

ENVOYEE A LA ROYNE

MERE DV ROY, ET REGENTE

EN FRANCE,

SVR

La mort deplorable du feu Roy tres-Chreſtien de France & de Nauarre HENRY IV. *ſon tres-honoré Seigneur & Mary.*

Par Louys Richeome Prouençal de la Compagnie de IESVS.

A LYON,

Chez PIERRE RIGAVD, en ruë Merciere, au coing de ruë Ferrandiere à l'Horloge.

M. D C X.

A LA ROYNE

MERE DV ROY,

& Regente en France.

ADAME,

En ce quatorzié-
me de May dernier
paſſé, voſtre Maje-
ſté ne pouuoit ſentir, ny craindre
parmy les allegreſſes de ſon coron-
nement,& feſtes de ſes triomphes,
vne plus lamentable cataſtrofe de
tous les actes de magnificéce faicts
& à fere pour l'honneur de voſtre
perſonne,que la funeſte, ſoudaine
& ineſperee cheute de la colomne
Royale, qui ſouſtenoit le theatre,
auquel voſtreMajeſté eſtoit hono-
ree de l'aſſiſtence honorable des
Princes de ce Royaume,& de toute

sa nobleſſe, & des principaux membres de ſon eſtat. Si vous auez eſté
digne de ces hóneurs & triomphes,
par les merites d'vne Royne tres-
Chreſtienne en titre de Majeſté, &
par le reſpect de voſtre propre vertu , vous auez eſté encor digne
de compaſſion , & conſolation de
tant plus grande, que l'appareil &
le cours des reſiouïſſances a eſté ſo-
lemnel , & la fin luctueuſe , & que
vous auez eſté portee d'vne extreme & publique ioye, à vne extreme
& publique lamentation.

Reſſenti-
ēt de tou-
l'Europe
r la mort
u Roy.

2   Toute l'Italie en gemit, ains toute l'Europe , & s'attriſte auec vous
de ce deſaſtre : Tout noſtre Ordre,
comme en particulier obligé à cette maiſon Royale, s'en afflige en
particulier , & deſire d'vn grand
cœur de conſoler voſtre Majeſté
de quelque loyal ſeruice, & donne
reſmoignage en vous ſeruant, qu'il

veut

veut honorer & cherir d'vne eternelle affection la facree memoire
du feu Roy, comme il fe fouuient
auoir efté honoré, & cheri de fa
Royale & paternelle amitié,&gra-
tifié de mille & mille bien-faicts.
Noftre Pere general Claude A quauiua,a fignifié à voftre Majefté par
lettres l'extreme regret qu'il a eu
de ce malheur inopiné, & vo⁹ a offert fon tres-humble feruice, & de
tous tãt que nous fommes,& com-
mãdé à tout le petit peuple de cette Cõpagnie efparfe par l'vniuers,
d'offrir plufieurs milliers de facrifi-
ces &prieres pour l'ame du defũct,
& à ceux qui font en Frãce prefens,
d'ẽployer leurs trauaux,voire leurs
propres vies (fi befoin eft)pour ce-
fte coronne.I'ay veu de mes yeux
le grand reffentimẽt que toutes les
nations de noftre Ordre ont eu de
cette perte cõmune, & au premier

Le R.Pe
General
Claude A
quauiua.

iour de la nouuelle, l'eſtónemét fut
ſi grád, qu'il ſembloit à voir qu'vn
chaſcú auoit eſté frappé de l'eſclat
d'vn grand tonnerre; & ſi on pouuoit racheter la vie de ce Prince
tres-Chreſtien par autre vie, ie ſçay
qu'il y a pluſieurs centeines de Religieux entre nous, voire qui ne sót
pas François, qui contribueroyent
volontiers la leur pour financer ce
rachat. Et n'y a perſonne qui ne deſire donner en ſigne de tres-humble recognoiſſance quelque alle-
gement à voſtre Majeſté.

3   Ie ſuis du nombre, Madame, entre les plus affligez & debiles, vn
des plus obligez, ayát mis auec pluſieurs & au nom de tous la main à
la plume pour peindre nos ſouſpirs
& regrets au papier, & adoucir par
telle condoleance, ceux de voſtre
Majeſté, & ay tres-bonne volónté
de m'aquitter de ce deuoir, encor
que

que l'atrocité du cas auec mon in-
firmité me rend presque inhabile:
Car il est si funeste, qu'il passe sans
mesure les bornes de mes pensees,
& discours; voire la creance de plusieurs, ne se pouuás persuader qu'il
soit aduenu, & me faict perdre le
sens auec la voix. Les maux medio-
cres fournissent assez de paroles,
pour estre suffisamment deplorez;
les enormes estourdissent, & ren-
dẽt les personnes stupides & muet-
tes. Il me faudroit auoir vn cœur
de Iob, pour fere ferme contre la
secousse d'vn tel orage, & vne voix
de Ieremie pour le dignement lamenter, & vn stile d'acier, pour le
bien d'escrire & grauer au cœur des
mortels.

*Les gr̃-
maux r̃
dẽt les p̃
sonnes s̃
pides &
sensibles.*

4   Ceux qui veulent consoler les
viuants, font des harangues funebres, où ils disent les loüanges de
leurs defuncts; si ie me mets à dire

*Oraiso.
funebres.*

celles du Roy qui nous a efté raui,
ie donneray autant de fubject de
douleur, que i'en diray de loüanges, & fi ie les puis dire dignement
toutes, i'abyfmeray voftre cœur &
celuy de la France dans vn Ocean
de regrets : Car en racomptant par
le menu auec quelque appareil de
langage, fes vertus Royales, fa prudence, fa valeur, fa clemence, fes
graces, fes cortoifies, fon zele, fa
pieté, fes combats, fes victoires, fes
trofees, & les autres richeffes de fon
ame, & de fes œuures, ie feray faillir
autant de fources de trifteffe qui
groffiront la penfee, & l'imagination de la perte commune, & chaf-
cune d'icelles portera vn torrét de
dueil & de larmes, & mifes en con-
cours toutes enfemble feront vn
abyfme de lamentations.

Doleances
raifonnables 5   Si me faut-il parler, fi ie pretens
de donner confolation en parlant,
&la

& lamenter à l'occasion d'vn faict *où il y a d* si lamentable. Les doleances sont *mal.* naturelles & necessaires, où il y a tant de causes & si iustes de se douloir ; & si elles sont bien faictes, ce sont autant de descharges d'vne ame angoissee,& autant de consolation. La passió me desrobbe voirement le sens, & la voix , mais la raison qui me dict que ie dois parler & escrire,me fournit & matiere & parolles ; si la passion est raisonnable, la raison luy doit commander;si elle est sans raisó, il ne la faut pas croire,

6　Que diray-je donc ,ô Royne *Cinq pᵉ* tres-Chrestienne & tres-pieuse , & *ties de cᵗ* *consolatᵗ* par quelle porte entreray-je au discours d'vn si deplorable subject, & par quelle porte en pourray-je sortir bagues sauues de ma foiblesse? Ie diray que la personne de ce Roy que ie laméte auec toute l'Europe,

A 5

sa conuersion à la Foy de ses Anceſtres, la courſe de son regne, & la fin de ſa vie, ont eſté admirables; & que la France le perdát a faict vne perte admirable. Ces cinq membres ferót le corps & cours de mon dueil, & les meſmes feront les baſes de la conſolation, que ie deſire dóner à voſtre Majeſté, & à son peuple: ſi par expreſſió hyperphyſique & ſurnaturelle, je fais venir vn cótrere de l'autre, la conſolation du dueil, le rafraichiſſement du feu, & la lumiere de l'ombre; la ioye de la triſteſſe, & le gain de la perte, l'effect ſera admirable en toutes ſes cauſes, & la conſolation encor admirable comme le dueil.

e la per-
ne du
y, c'eſt à
re, de ſes
qualitez
yales.

7 IE commence par la perſonne du Roy pour dire de ſes qualitez, mais briefuement, laiſſant les narrations longues aux grands liures qui s'eſcriront de luy pour la

po

posterité.Deux vertus rendent vn
Roy merueilleux & du tout digne
d'vn Royaume, la prudence, & la
vaillance, l'vne pour la paix prin-
cipalement,& l'autre pour la guerre ; l'vne comme thresor des loix,
l'autre côme maistresse des armes:
l'vne pour bien commander aux
amis, l'autre pour heureusement
vaincre les ennemis.Ces deux vertus estoyét si eminétes au feu Roy,
qu'elles l'auoyét faict admirer dessus tous lesMonarques de son téps,
& sur plusieurs autres que les siecles precedens ont iadis admirez.
Il estoit tres-subtil pour trouuer le
nœud d'vne difficulté & le moyen
de le desmeler, & promouuoir vn
affere politique ou militere,& tres-
sage pour iuger des aduis qu'ó luy
en donnoit,& tres-aduisé à choisir
les meilleurs. On n'auoit pas si tost
faict la proposió d'vn côseil,qu'il
fai

faiſoit les concluſions, & voyoit en
la teſte toutes les parties du corps,
& tout le diſcours en vne premiſſe:
vray Roy de paix , vray Roy de
guerre, vn Auguſte en l'vn, vn Alexandre en l'autre, prudent guerrier
& puiſſant gouuerneur, & prouué
tel par les experiéces des deux téps;
par les effects de ſa ſageſſe en ma-
niant le ſceptre paiſible , & de ſa
vaillance en remuant l'eſpee fou-
droyáte; ſçauant & profond au cabinet, courageux & prómpt à la char
ge; Roy de conſeil entre les prudés,
& Roy de vaillance entre les Capitaines.

8   Il a gouuerné & defendu en ſes
ieunes ans les païs de Bearn , & ſon
Royaume Paternel de Nauarre, a-
uec autant de ſageſſe qu'aucũ Roy
vieil eut ſceu fere, auec plꝰ de cal-
me que la miſere des téps orageux
ne permettoit, auec moindre pro-
ſpe

sperité, que sa debonnaireté & sagesse ne meritoit. Commét & auec quelle prudence a il tenu le sceptre des fleurs de Lys en son téps? Mais comment & auec quelle vaillance l'a il gaigné, & auec quelle prudence l'a il gardé, aggrandi, & illustré? Soixante deux Roys l'auoyét precedé, se succedás les vns aux autres, par droict de sang; luy successeur de tous par mesmes titres, a cõquis sur tous, autant de fois son Royaume par sa valeur, qu'il y auoit trouué de gouuerneurs, c'est à dire de Roys, quand la mort du Roy son predecesseur luy ouurit les portes de sa succession, & droicts heredi-taires. Ces Roys estoyent presque en aussi grád nombre qu'il y auoit de villes importantes en France, où chascú deux regnoit, & s'oppo-soit à luy de peur qu'il ne regnast.

9 Si Iosué Capitaine General des He

Iosue cõb
tit 31. R
Ios. 12.

Hebrieux eſt renommé pour auoir prins d'aſſaut maintes villes, entrât en la terre promiſe, & auoir combattu trente vn Roy, en ſubjugant la Paleſtine, Henry IV. Roy des François, en a prins d'auantage, & a veu, les armes aux mains, plus de deux cés & quatre vingts ſieges de places fortes, & combattu plus de ſoixante Roys, en regaignant la France. Et ſi Dauid eſt eſtimé grâd guerrier, pour auoir mené guerre des ſes ieunes ans, noſtre Roy a eſté àla guerre pluſtoſt qu'il n'a peu endoſſer le harnois, & eſt deuenu General des armees, és ſerieuſes batailles ſans aide de maiſtre, pluſtoſt que les ſeigneurs ordinaires n'ont apprins aux maneges, & academies de tirer des armes, & piquer les cheuaux ſous la côduite d'vn eſcuyer: Et ſi les grands Capitaines peuuét bien iuger de la vaillance, feu Mô-ſieur

sieur le Mareschal de Monluc en
ses commentaires parlant du Roy
encore fort ieune, il preuoit , &
predict en Prophete qu'il seroit vn
grand guerrier.

10   La circonspection & la vigi-
lence sont deux belles compagnes Sa circon-
de la prudence, tant de police, que
de milice; l'vne faict espier les ap-
poincts, & les occasions d'vne affere, l'autre les faict empoigner, affin
de venir efficacement à l'exequu-
tion & aux mains ; la prudence du
Roy estoit singuliere en toutes les
deux; il voyoit de loin le futur com
me le present, & comme il auoit les
yeux du corps aquilins & brillans,
aussi auoit il ceux de l'entendemét
clair-voyans & aigus à noter tout,
& prendre garde à toutes les circó-
stances; & partát lors qu'on le pres-
soit de quelque negoce, qui n'e-
stoit encor meur, il disoit qu'il le

fal

falloit expedier, mais en son temps.

Le P. Lau-
rens Ma-
gius.

Le Pere Laurens Magius de nostre Compagnie estant enuoyé de
Rome par nostre Pere General vers
sa Majesté l'an 1597. pour nostre re-
stablissement, luy dict vn iour, Sire
les femmes enfantét le neufuiéme
mois, & il y en a ia plus de vingt &
quatre que nous attendós la nais-
sance du bien-faict conceu & pro-
mis de vostre Majesté : Ouy, repar-
tit-il, les femmes, mais les hommes
attendent plus; attendez encor vn
peu mon temps, & le vostre viendra, quoy qu'il tarde; aussi ne faillit
il d'exequuter sa promesse à la
poincte de l'occasion, mesmes estát
ledict Pere desia en Auignon sur le
poinct de s'en retourner en Italie,
faisant venir à soy le P. Pierre Cotó
auec le Pere Ignace Armand Pro-
uincial de France.

Sa vigi-
lence.

11   Il estoit si vigilent & si iuste en
ses

ſes heures, que s'il falloit exequuter quelque exploict militere de
nuict, il s'eſueilloit à tel poinct
qu'il ſe propoſoit s'en allant coucher, ſans aucunement y faillir;
ce qu'on auoit tres-ſouuent noté
ez ſieges de Villes, & aux rencontres de guerre. De meſme vigilen-
ce vſoit il aux affaires ciuiles. Il
portoit en ſa teſte les plus belles
maximes de l'art militaire, comme d'vn bon gouuernement. En
vn ſouper parlant des gens de
guerre, il comprint en peu de mots
les vices & les vertus des Capitaines & des ſoldats : Il diſoit y en a-
uoir, qui n'auoyent que la prudé-
ce de diſcerner les forces de l'vn,
& de l'autre parti ; & ne s'oſoyent
iamais hazarder, s'ils ſe ſentoyent
les plus foibles ; leſquels il appelloit ſages coüards, trop circonſ-
pects & cœurs faillis, ne voulans

Vices des
Capitaines
& ſoldats

combattre ſans eſtre aſſeurez de
vaincre, & n'eſperans rien de leur
vaillance. Les autres qui ſe four-
royent à la meſlée ſans circonſpe-
ction, & ſouſtenoyent les coups
ſans ferir, à guiſe de faquins, il les
appelloit vaillans fols : il condam-
noit auſſi ceux la qui frappent en
beſtes ſans choix, & ſans conduicte. Il approuuoit ſeulement ceux
qui ſont prudens, & bien aduiſez
à eſpier leur coups, & vaillans à ferir à leur aduantage. Bref diſcou-
rant de ces vertus & de leurs compagnes, il formoit de ſi belles ſen-
tences de paix & de guerre, & les
prattiquoit ſi heureuſement, qu'il
ſembloit porter l'Idée de la vraye
prudence en ſa teſte, & le modelle
de bien regner, & bien guerroyer
en ſa main ; & ainſi fourniſſoit il
de ſa perſonne les deux appuis, &
ornemens principaux requis en la
maje

majesté d'vn Roy, les loix & les armes, pour se faire honorer & craindre en tout temps , dedans & dehors, des amis & des ennemis.

12 Auec les susdictes vertus se doit
mettre la Clemence, perle propre
des Roys, comme des grands Capitaines : Entre les Grecs Alexandre grand Roy, & grand Capitaine, en fut renommé, entre les Ro-
mains Iules Cæsar fut plus loüé
par sa benignité que par ses victoires ; & Tite dernier triomphateur
de la Iudee, fut appellé les delices
du genre humain à raison de cette
vertu. Le Roy des abeilles n'a point
d'aiguillon, ou s'il en a, il n'en vse
iamais ; ayant voulu Dieu monstrer en la figure d'vne Monarchie
naturelle & muette, la vraye &
propre qualité d'vn Prince ciuil:
& certes puis que le Roy est la viue
image de Dieu, qui est la mesme

Sa clemen
ce.

Alexãdre
le Grand
Plut. in
Alex.
Iules Ce-
sar. Plutar
in Cæs.
Tite Ves-
pasien.
Suet.

Le Roy des
abeilles.
Arist. &
Pline.

B 2

clemence, il doit porter le crayon
naïf de cette vertu. Le Roy le portoit, si iamais aucun Roy le porta
en cette Monarchie : les effects
vrayes preuues de la cause, l'ont
monstré. Il a esté humain & benin
toute sa vie; & du temps qu'il n'e-
stoit encor conuerti à la foy Catholique, non seulement il ne hais-
soit point les Catholiques, ny les
persequutoit, nommément les Religieux, selon l'esprit du Caluinis-
me; mais les gratifioit en tout ce
qu'il pouuoit. Vn exemple suffira
pour plusieurs, il estoit à Muret
auec la Royne mere, Monseigneur
le Cardinal de Bourbon, & plusieurs grands seigneurs l'an 1579.
au temps que feu Monsieur L'Ab-
bé de Feuillans y preschoit; lequel
il vit fort volontiers, & luy parla
long temps descouuert auec vne
singuliere humanité, luy offrant
plusieurs

plusieurs fois sa faueur en ce qui
seroit de sa puissance:dequoy ce S.
personnage estoit aussi estonné,
que ioyeux : à la fin voyant ceste
douceur & n'ayant autre chose
à luy demander , il le pria de
luy bailler vn sauf-conduit au païs
de Biarn où il deuoit passer, pour
aller visiter quelques Conuens par
la commission de Monsieur de Ci-
steaux:lequel sauf-conduit il luy
fit expedier tres-volontiers,& auec
telle energie de paroles, que ce bó
Pere receut mille courtoisies parmy ceux deuant lesquels il ne se
fut osé monstrer au parauant. Ce
bien faict venant d'vne personne
de telle religion , auec telle franchise,de si bon gré & de telle amitié, monstroit vn cœur Royal &
vne humanité royalement cordia-
le. Cette clemence se voyoit plus
clairement enuers ceux qui le haïs-

foyent & perfequutoyent:car il n'a
iamais eu fi grands ennemis, tant
l'euffent ils offensé, auquels il n'ait
pardonné, & qu'il n'ait tafché de
gaigner & fe les faire amis , encor
qu'il n'en eut befoin;& s'il en a pu-
ny quelques vns par iuftice,çà efté
parce qu'ils n'ont voulu accepter
fa miféricorde : & fa iuftice a toufiours efté miféricorde,car il a toufiours ofté quelque grain de la ba-
lance, & retenu la pefanteur du
glaiue puniffeur , & remis tout ce
qu'il a peu remettre, & en à laiffé
plufieurs en paix, auec efperance
qu'ils fe recognoiftroyét , lefquels
il pouuoit faire iuftemét mourir,&
fa douceur eft allée iufques là enuers fes ennemis , que mefmes au
delict flagrant de leurs iniures,non
feulement il leur pardonnoit, ains
encor leur procuroit le pardon &
la vie,s'ils fe repentoyent , comme
on

on sçait qu'il a voulu faire à plusieurs. C'est imiter de prés la clemence diuine, qui est tousiours à
la porte des delinquans, s'il la luy
veulent ouurir; c'est imiter à bonnes enseignes IESVS CHRIST, qui
prioit pour ceux qui luy disoyent
des iniures, & le crucifioyent; c'est
bref faire en Roy tres-Chrestien
& en Prince tresmagnanime. On
louë Philippe Roy de Macedoine,
comme ayant faict vn acte de grâ-
de benignité, dequoy vn iour oyât
de son pauillon quelques soldats
voisins qui mesdisoyent de luy, il
les aduisa de parler plus bas, ou
d'aller plus loing, sans leur faire
autre mal. Nostre Roy à pardonné à cent & cent personnes en particulier, & en corps à autant de
Villes & communautez qui l'a-
uoyent iniurié de paroles, & de
faict; & comme il auoit & pratti-

La Cle-
mence di-
uine.

Philip-
Roy de Ma-
cedone.
Plut. in a-
pophth.

quoit cette vertu, auffi fçauoit il
monftrer la beauté d'icelle en fa
fource, & en l'antithefe du vice op-
pofé, & difoit fouuent que la mifericorde eftoit vn furgeon d'vne
noble & forte poictrine, comme
l'appetit de vengeance & la cruauté, vn reietton d'vn efprit foible,
bas & feruile.

*Son humi-
lité & mo-
deftie.*

13   Il auoit vne autre vertu qui
femble petite à ceux qui ont les
yeux trop gros & la veuë trop
courte, mais qui eft vrayement
grande, & vrayement Royale au
iugement du fils de Dieu IESVS-
CHRIST la mefme fageffe, & eft
neceffaire à tout Chreftien, s'il veut
vn iour regner au Ciel, & tref-ne-
ceffaire à vn Roy tres-Chreftien,
s'il veut encor bien regner en terre. C'eft l'humilité feminere de
toutes belles vertus, & compagne
des grádes ames & hautes prouëf-
fes,

ſes,laquelle il faiſoit paroiſtre en
deux parties eſſentielles d'icelle,en
la cognoiſſáce de ſoy meſme & de
ſon rien,& en la modeſtie de ſa có-
uerſation. Il ſe reccognoiſſoit infir-
me,&diſoit en téps & lieu ſes infir-
mitez & les deploroit, & ſe priſoit
en cette recognoiſſáce moins que
rien,comme ſouuét il a teſmoigné
non ſeulemét en ſes deuotiós,mais
encor en ſes diſcours familiers.

14   Sa façon de conuerſer eſtoit ſi *Sa conuer-
ſation.*
domeſtique & ſi douce, qu'il ſembloit que chacun fut ſon pareil; et
ſi Iules Ceſar fut eſtimé humble &
courtois, parce qu'il appelloit có-
pagnons ſes ſoldats, à meilleur
droict luy,qui traictoit ſes ſubiects
iuſques aux petits artiſans,comme
compagnons , non en homme
ſimple &niais,comme ne pouuant
faire du grand, mais à deſſain, par
ſageſſe & en Roy ; retenant auec

tous, & en tout la grauité Royale
& l'humilité Royale: en habits il
estoit si modeste, qu'à peine pouuoit il estre recognu entre ses cour-
tisans pour Roy, sinon par le nom
de Majesté, ou quand il faisoit
quelque action Royale. Cette vertu d'humilité de modestie & semblables estoyent d'autant plus admirables en luy, qu'il auoit esté
nourri dés sa ieunesse en deux escoles ennemies de toute vertu, mais
principalemét de celles cy, en l'heresie fille & mere d'orgueil, comme de tout vice; & en la guerre,
vacation de liberté, de vanité &
d'autres semblables vices, proue-
nant cela des grandes occasions
qu'il y a de mal faire, plustost que
de la nature de l'art militaire. De
maniere que n'ayant non seulement apris les maux qui s'ensei-
gnent en ces deux escoles, mais
encor

encor retenu les qualitez contraires, il faut dire qu'il auoit vne belle nature , & bien faicte : qualité
que l'Escriture recommáde comme base de la vertu, & premier signe de predestination, estant bien
cultiuée.

15   La foy des promesses est encor vne vertu fort seante à vn grád
Roy , & à vn grand Capitaine; les
simples paroles duquel doiuent
estre aussi certaines que le sermét
des hommes communs. Il estoit si
Royal & si loyal à faire ce qu'il
promettoit, que mesmes les ennemis plus deffians tenoyent ses promesses non seulement cómme ga-
ges certains de sa foy , mais comme choses jà faictes, & les prenoyét
comme deniers contans.

16   Le bien dire associé aux belles
œuures, est aussi vne vertu digne
d'vn Roy , & d'vn grand homme

de

*Animãbo
nam sorti
tus. Sap.8
19.*

*Sa foy et
ses paroles*

*Son el-
quence.*

de guerre. L'efpee d'vn vaillant
Capitaine tranche les forces des
ennemis. Son eloquence encoura-
ge les amis & leur donne force.
Cefar eftoit admirable en l'vne &
en l'autre, le Roy eftoit vn Cefar
en toutes les deux. l'ay cy deffus
touché quelques effects de fa vaillance, icy ie dis que fon eloquence
n'eftoit pas vne tiffure de phrafes
mignardes, & fleurs de Rhetori-
que, mais vn difcours nerueux
d'vn langage masle & martial, La-
conique & fententieux, prenant
fa fource d'vne profonde prudence, & fubtilité naturelle, & cou-
lant comme par gradations de
certaines tirades; ce qu'il a mőftré
en plufieurs fentences prinfes non
tant de la lecture des liures, que
du creu de fon efprit & en vne
infinité de repars & refponfes
courtes & fubtiles données la
plufpart

plufpart fur le champ.

17   Il difoit que l'Eglife Catholique eftoit eminente en doctrine
en ce temps, par ce qu'elle auoit
efté contrainte de chocquer fouuent fes ennemis & difputer contre les herefies, & auoit faict comme les bons foldats, qui apprennent la cheualerie & l'efcrime, &
prennent forces au manege des
cheuaux, & des armes. Que les
mouuemés d'vn Predicateur font
artificiels au commencement du
fermon & naturels fur la fin, & que
par la fin il les faut mefurer, & re-
cognoiftre: il difoit que les mignõs
des Roys doiuent eftre les gens de
vertu; que ceux là font vaillans,
qui difent leurs veritez aux Princes; que le faict d'vn Roy n'eftoit
pas de bien dire, mais de bien gou-
uerner: Que les enfans des Roys
ne doiuent point apprédre la Mufique

fique, ny à ioüer des inſtrumens,
encor qu’ils les puiſſent oüir, par ce
que telle ſcience ne peut ſeruir à
eux qu’à faire la cour aux Dames,
leçon dangereuſe & qui ne s’apprend que trop de la corruption
de la nature ſás ſeruice de maiſtre.
Que les inſtrumens des Roys en
paix eſtoyent le SCEPTRE & la
MAIN de iuſtice, & en guerre l’eſ-
pée; & que ce ſont ces inſtrumens
qu’ils doiuenr ſçauoir manier dignement & Royalement. Que la
Muſique des Roys, & leur chant
Royal eſtoit l’accord & conſonan-
ce des belles vertus, Prudence, Iuſtice, Force, & Temperance, & des
autres qui reſident en leur ame
auec la note & meſure des loix;
Muſique qu’vn ſeul peut chanter
à quatre parties & plus, & que la
muſique mathematique eſtoit ſeá-
te aux ſubiects des Roys, non aux
Roys,

Roys,& se souuenoit que le Roy
de Macedoine Philippe voyant vn
iour son fils Alexandre faire merueilles entre les Musiciens , le re-
print disant, n'as tu point de honte de sçauoir si bien chanter ? Il disoit que l'opiniastreté contrarioit
fort au bon gouuernement,& que
c'estoit vne engeance de folie &
de lascheté,encor qu'elle eut le visage d'homme prudent & braua-
che;que l'homme content possede
ce qu'il n'a pas , & celuy qui est
mescontent,ne possede rien,nõ pas
mesmes ce qu'il tient en sa main.
Il disoit que la bonne paix est la
guerre & la mort aux meschans.
Item qu'entre les Chrestiens, qui
font la guerre aux vices & taschét
de vaincre leurs passions de corps
& d'esprit,ceux là luy sembloyent
faire plus sagement, qui sur tout
dressent bien l'ame & domptent

le

le corps par l'esprit, le valet par le
maistre; que ceux qui domptent
l'esprit par le corps, affligeans le
corps par austeritez, & laissant l'esprit s'esgayer en ses vices & imper-
fections en la colere, en l'ambitiõ,
en la vanité, & semblables. Quelques vns luy faisoyent souuenir
vn iour, comment les Ministres
auoyent faict courir par la France
certaines plaintes affectées, & mi-
nuté des articles impertinés pour
presenter à sa Majesté, tãdis qu'elle assiegeoit Amiens;ce n'est merueille, leur dict-il, les Ministres
sont poissons d'eau trouble. Son
barbier luy faisant les cheueux,luy
disoit,qu'il auoit la barbe plus gri-
se d'vn costé;c'est,repart-il,le vent
de mes aduersitez, qui a donné à
cette part.

18 Quelque Seigneur excusoit vn
Escriuain,qui auoit fait imprimer
vn

vn liure inepte , difant eftre digne
de pardon, parce qu'il n'auoit pas
eftudié; cette excufe, dict il, eft vne
double accufation, d'ignorance &
de temerité ; il vaut mieux fe taire
que parler mal , & celuy qui eft
muet, eft de meilleure condition,
que celuy qui porte mauuaife langue. Quelques Medecins des plus
fuffifans de la pretenduë Religion,
s'eftoyent faicts Catholiques ; dóc
dict-il, la Religion Huguenote eft
en mauuais poinct , puis que les
Medecins l'abandonnét. Comme
vn Seigneur Huguenot luy difoit
que fa fœur eftoit feule qui les deffendoit, tant pis pour voftre Religion, luy dict-il: car elle eft tóbée
en quenoüille, & eft femelle en fon
grand appuy; quelqu'vn luy racó-
ptant cóme crime, que les Iefuites
prenoyét les meilleurs efprits pour
les enrooler en leur Compagnie;

Des Ie-
fuites.

C

c'est vertu, dict-il, & non crime, de choisir ce qui est le meilleur; quád ie veux faire vne compagnie de soldats, ie prens les plus vaillans. Ils ont besoin de gés accomplis, pour bien s'acquitter de leur charges, qui ne sont pas petites , ils prennent ceux qu'ils estiment les plus idoines entre plusieurs qui se presentent de leur bon gré , quel mal en cela ? vn bon seigneur vint vn iour à luy au sortir du disner , auec grande importunité disant , Sire, iustice , ie suis icy pour racompter à vostre Majesté vn faict abominable, & du tout scandaleux ; ne me le contez pas, mon amy, luy dit il, en si bonne compagnie, de peur de nous scandaliser: ce sont, repliqua l'autre, les Iesuites, qui m'ont volé mon fils, qui n'a que quinze ans; qu'elle discretion peut il auoir en tel aage , pour faire choix de
vie?

vie? Il est à croire qu'il n'en a gueres, respond-il, puisque le pere en
a si peu. Quelques Huguenots ac-
cusoyent deuant luy les Iesuites,
comme se meslans de l'estat ; c'est
le commun refrain de leurs ennemis, dict-il, mais mal attaché ; ce
sont vos Ministres, qui s'en meslét
plus que de leur Theologie, estás
tousiours apres à faire des assem-
blées politiques, & non Ecclesiastiques plus Statistes que Theologiens. Comme il estoit sur le point
de faire abbatre la pyramide , vn
seigneur d'auctorité luy dict, Sire,
on la dressée pour l'amour de vo⁹;
il respondit, qu'on l'abbatte pour
l'amour de moy. Et vn autre , ce
sont vos seruiteurs, qui l'ont eri-
gée: le maistre donc, repliqua il, la
peut bien faire abbattre. Telle e-
stoit la viuacité de son esprit &
telles les poinctes de son eloquen-

ce, auec ſes autres belles qualitez, & ornemés de ſa perſonne Royale, de courtoiſie, de bonne grace, de gentilleſſe, d'affabilité, de franchi-ſe, de patience, & autres vertus communes, & neantmoins Roya-les en luy, que ie donne à garder au ſilence, pour n'eſtre trop long à parler. Ie n'eſcris pas l'hiſtoire vni-uerſelle de ſa vie, mais vn petit re-cueil des richeſſes de ſa perſonne.

*conuer-
ſion à la
Catho-
lique.*

19 OR toutes ces rares quali-tez ne pouuoyent auoir titre de vrayes vertus, ſi elles n'e-ſtoyét animées de l'eſprit de Dieu en l'eſcole de ſon Egliſe, hors la-quelle il n'y a aucune eſſence de vraye & parfecte vertu, non plus que d'eſpoir de ſalut ; c'eſt pour-quoy Dieu, qui auoit donné telle ame à ce Prince par voye naturel-le, comme premiere couche de predeſtination ; il luy a donné la

voça

vocation en son temps, & les graces surnaturelles, côme viues couleurs ; & les moyens & addresses,
pour entrer en cetre Eglise, & re-
prendre la foy de ses Ancestres,
pour gaigner auec eux la coronne de gloire. Le temps a esté apres
la mort du Roy Henry troisiesme,
auquel il deuoit succeder par droit
de sang, & de Roy de Nauarre deuenir Roy tres-Chrestien, & fils
aisné de l'Eglise : plusieurs choses
ont renduë cette vocation & conuersion merueilleuse. La premiere
auec la grace de Dieu, a esté sa prudence & magnanimité naturelle,
qui luy conseilloit de ne point
chãger de Religion par violence,
ou par motif humain d'ambition
des honneurs & conuoitise des
biens de la terre, luy semblant
estre la reception de la foy, vne
action de franchise ou au moins

C 3

deuoir prouenir à vn Chreſtien
errant purement de l'amour de
Dieu, & de ſon propre ſalut , &
qu'autrement il luy valoit mieux
courir fortune de perdre le Royaume de France, que celuy du Ciel:
reſolution beaucoup plus magnanime, & plus noble que celle que
prononçoit l'Empereur, qui diſoit,
S'IL faut violer le droict, que ce ſoit
pour regner , & ne ceda iuſques à
ce qu'il fut deüement inſtruict,
& en tel article, qu'il tenoit pref-
que tout le Royaume reduit en ſa
puiſſance, dequoy on ponuoit ai-
ſément cognoiſtre, que c'eſtoit deuotion libre & non conuerſion de
contraincte, qui le faiſoit renger
au parti de la verité Catholique, &
partant conuerſion doublement
loüable, en la maturité de conſeil
en choſe ſi importante , & au meſ-
pris de la Royauté, la choſe la plus
                                    priſée

prisée de toutes entre les humains.

20   Mais quand bien il auroit eu quelque veine meslée de respect humain, cela n'empesche pas que l'œuure ne puisse estre louable: car bien souuent la prouidence diuine attire les mortels à la vertu im-mortelle, par des presens du téps, & leur faict gouster le Ciel par la terre. Ainsi pour affectionner à son seruice Abraham, il luy pro-mit de faire sa posterité heritiere des Royaumes de Canaam : & Constantin le grand fut induict à la foy par la guerison de sa lepre. Quand donc il seroit ainsi , que Dieu eut dict au Roy n'estant que Roy de Nauarre,reprens la foy de tes maieurs & reuiens à moy , ie te mettray en la possessió du Royau-me que la hardiesse du temps ini-que te veut rauir,&te feray Roy de France paisible; il l'auroit conduit

par vne honorable voye, à vne belle fin; car quand ainsi plaist à Dieu,
c'est vn grãd hõneur de monter au
Royaume des cieux par les degrez
d'ũ Royaume terrestre, & d'vne gloire passagere tirer à l'immortelle.

21   Mais ce qui rend cette conuersion merueilleuse par ses propres atours, c'est qu'elle a esté ac-
compagnée d'vne grande lumiere
interieure, & d'vne aussi grande
charité; cette lumiere luy faisoit
voir d'vn clair rayon, la beauté de
la Religion Catholique, & la priser
plus que sa propre vie: cette charité luy engendroit vn zele vrayement tres-Chrestien à promouuoir le bien de cete Religiõ, cõbat-
tre l'erreur & remettre les errás au
bercail de IESVS CHRIST: ce qu'il a

fait notoire par ses paroles & par
ses œuures. Vn iour parlant en la
presence de quelques Seigneurs
de

de l'affection que chafque Catholique doit porter à fa Religion, ie fuis, difoit il, quant aux mœurs chargé de beaucoup de deffauts, qui me defplaifent, & defire les reparer, & me recognois vn des plus grands pecheurs de mon Royaume, & du monde; mais quant à la foy Catholique, Apoftolique, & Romaine, où il a pleu à ce bon Dieu m'appeller, ie diray en verité, & comme ie le fens en mon ame, que deuant que demordre d'vn feul poinct de cette foy, ie me ferois defpoüiller à guife d'vn S. Barthelemy, & griller comme vn fainct Laurens; & ce difant il larmoyoit goutte à goutte, tefmoignant par fes larmes, comme il auoit faict par fes paroles, la fermeté de fa foy.

22 Mais beaucoup plus clerement tefmoignerent cette fienne foy

Son refpect au S. fiege & fon zele.

les œuures tant de son respect enuers le sainct Siege, que de son zele pour aduancer l'estat de l'Eglise,
& remett re en son enceincte ceux
qui en estoyent dehors. Il portoit
vne singuliere reuerence au S. Pere
comme chef visible de son Eglise,
gardien de cette foy, Vicaire de
IESVS CHRIST , & porte -clef du
Ciel, & combien qu'il eut presque
mise toute la France en sa puissan-
ce, & que quelques vns luy con-
seillasset de ne se soucier pas beaucoup de Rome, sa conscience toutesfois ne reposa iamais, iusques à
ce qu'il eut la benediction de sa
Saincteté , laquelle il demanda
humblement par Monseigneur de
Neuers, enuoyé à cette fin à Rome,
l'an 1593 , & l'obtint à la fin par
Monseigneur le Cardinal du Per-
Nouueau ron. Vn peu apres ayant ouy , que
credo des les Ministres sinodez à la Rochelle
Ministres. estoyent

estoyent sur le poinct de coucher
en leurs cayers, comme nouuel article de foy, que le Pape estoit
l'Ante christ, il leur fit defense de
passer outre, tenant cette resolutió
aussi fausse & iniurieuse, comme le-
gere & temeraire. Sur le propos des
difficultez que proposoit la Sei-
gneurie de Venize, pour se ranger
à la volonté de sa Saincteté, & di-
sans quelques vns, qu'elle y deuoit
aller auec plus de moderation, &
douceur, il n'est pas seant, dict-il,
que le pere prenne loy des enfans,
&, s'ils sont vrays enfans, ils obei-
rōt à leur pere, & tiédrōt pour mo-
deré, ce qu'il faict pour leur bien.
Chascun sçait ce qu'il a faict pour
Clement huictiesme, quand il luy
a demandé quelque chose pour la
paix commune, nommément au
dernier different suruenu entre luy
& le Sereniffime Prince de Sauoye,

mes

La Sei-
gneurie de
Venize.

Pour Cle-
ment hui-
ctiesme.

mesmes auec offres d'vne partie de
son droict. Item pour l'amplifica-
tion du S. siege , comme quand
de son bon gré il luy offrit ses armes & sa personne, pour le recou-
urement de la Duché de Ferrare,
quand on se doubtoit de quelque
resistence. Chacun a fresche memoire de l'Ambassade enuoyée
l'an 1607. tres-noble & tres-illustre
par le grade & vertu du Prince qui
la cõduisoit, Monseigneur de Neuers, & par l'appareil magnifique
auec lequel il l'accomplit; pour cõ-
gratuler , & offrir son obeissance
comme fils aisné de l'Eglise, à la
Saincteté de Paul cinquiesme, que
Dieu conserue longues & heureu-
ses années pour le bien de son E-
glise & gloire de son nom. Pour l'a-
mour du sainct Siege, il portoit à
proportiõ mesurée vne grãde reuerence au sacré College des Cardinaux

naux,ce qu'il faiſoit voir par paroles,& par œuures,quand il en eſtoit
beſoin. En ſomme il a touſiours
parlé de telle bouche du ſainct Sie
ge, & de ſa Cour, & l'a honoré de
telle façon qu'il eſtoit conuenable
à la foy d'vn Roy tres-Chreſtien
heritier des Roys de France , inſi-
gnes protecteurs d'iceluy Siege, &
monſtré que le premier zele d'vn
Roy treſ-Chreſtien ſe marque en
la defenſe & en la prattique de ce
reſpect.

23   Les effects de ſon zele énuers *De ſon ze-*
les ames , ſont auſſi notoires ; on a *le à la con-*
veu que dés le commencement de *uerſion des*
ſa conuerſion, il a touſiours reſpiré *errans.*
d'vne affection Royale, & pater-
nelle la dilatation de la foy, & la
conuerſion des errans. Il a mis en
plus de trois cens lieux l'exercice
de la Religion Catholique, & en
d'aucuns où l'on n'auoit dict la

Meſſe

Messe de plus de quarante & tant
d'ans, comme en Bearn; & par iuſ-
ſions reiterees a faict preſcher de
ceux de noſtre Cõpagnie à la Rochelle, qui par deux ou trois fois
auoit fermé les portes au Pere Gaſ-
pard Seguiran, & y fut par ſon cõ-
mandement receu à la fin, comme
auſſi le Pere Guillaume Bayle au-
dict Bearn, apres auoir, comme le
premier, eſté refuſé pluſieurs fois:
& ce zele eſtoit de tant plus admirable, qu'il eſtoit conioinct auec
vne pareille douceur & prudence:
car non ſeulement il vouloit garir
les malades, mais les garir, ſi faire ſe
pouuoit, ſans douleur & bleſſure,
non auec paſſion, mais auec compaſſion; & arracher des eſprits les
eſpines de mauuaiſes opiniõs, ſans
les piquer, ny offenſer. Et à ce propos il diſoit vn iour au P. Ieã Gõ-
teri, Pere Gonteri vous contentez
fort

Le P. Gaſ-
pard Segui
ran.

Le Pere
Guillaume
Bayle.

Le P. Iean
Gonteri.

fort voz auditeurs, sauf ceux de la Religion pretenduë, par ce qu'ils sont degoustez ayant l'estomac cacochime; traictez les doucement en malades.

24 Or comme il estoit desireux de leur salut, aussi monstroit il vne ioye incroyable, quand il entendoit la conuersion de quelqu'vn, & se faisoit mander des villes le nombre des conuertis par nom & surnom : Ce que nous auons faict pour nostre part aux villes où nous auons Colleges, & se sont trouuez du temps de son regne, plus de soixante & six mille ames retirees des ondes de l'heresie, & remises dás le sein de la nasselle de Iesvs Christ, au port de son Eglise: & de ce nombre ont esté plusieurs seigneurs de marque, plusieurs Ministres des plus doctes, plusieurs Magistrats, plusieurs Docteurs, Legistes, Me-

de

Sa ioye des conuersiõs.

Le nombre des conuertis.

decins, & autres que non seulemét
la France sçait, mais encor les païs
loingtains] : Victoires tres-Chre-
stiennes & du tout Royales, sans
effusion de sang, sans tumulte, sans
coup ennemy, & vrayement Apo-
stoliques, & d'vn merite inestima-
ble deuant la diuine Majesté.

25 Et par ce qu'il estimoit que
cette Compagnie, dés qu'il com-
mença à la cognoistre, pouuoit
auec les autres Ordres Ecclesiastiques donner secours à la promo-
tió de cette affaire si importante, il
la voulut restablir en son Royaume, mesmes en estant requis du
S. Siege ; mais ayant eu quelques
preuues de son courage & fidelité,
& penetré plus profondement l'es-
sence de son Institut, il l'affectióna
de tel amour que plusieurs sçauét,
& que plusieurs ignorent, & qu'il
conuient declarer, & faire s'il est
possi

poſſible que chacun en ſoit informé,&nul ignorát. C'eſt pourquoy
ie ſupplie voſtre Majeſté, & toute
la France ma bonne patrie, de me
permettre la traiƈte libre de quelques periodes, & d'eſcouter d'o-
reille benigne la parentheſe que ie
dóne pour publier,comme ie puis,
en ce lieu, l'affeƈtion Royale,que
ce Prince nous a porté,& l'obliga-
tion que nous luy en auons.Il eſt
bon,diƈt ce diuin meſſager à To-
bie,de tenir ſecret le ſecret du Prin
ce;mais c'eſt vn deuoir honorable
reueler les œuures de Dieu, & le
bien receu de quelqu'vn;& autant
raiſonnable que la poſterité de
cette Compagnie le ſçache pour
cognoiſtre cóbien elle eſt obligée
d'honorer, & ſeruir la coronne de
France,&les ſucceſſeurs de ce Roy.
Cette affeƈtion eſt admirable en
ſes cauſes, & en ſes effeƈts. La cau-

se n'est point humaine , nous la
croyons diuine, ne se pouuant faire que l'amitié naturellement s'en-
gendre de la haine, non plus que le
feu de l'eau , ou la lumiere des tenebres; moins encor qu'vne grande amitié vienne d'vne grande
haine. Or chacun sçait que ce bon
Prince nous haïssoit, non seulemét
du temps qu'il n'estoit que Roy de
Nauarre, à raison de la diuersité de
Religion , mais encor apres estre
entré en la possession du Royaume de France, à cause des sinistres
impressions que les Ministres luy
auoyent mis en l'ame , de nous &
de nostre Institut; & nommément
que nous en voulions à sa propre
personne , voire à tous les Roys.
Cette haine (supposé que ces rapports fussent vrays) estoit fort raisonnable en luy , & nous eussions
merité d'estre haïs de tout le monde,

de, & exterminez de deſſus la terre.
C'eſt pourquoy eſtant ſuruenu le
parricide attentat de Chaſtel , &
par iceluy, côme par preſomptions
nouuelles , les rapports ennemis
fortifiez,no⁹ fuſmes chaſſez d'vne
partie de la France ſur la fin du
dernier ſiecle, & perdiſmes ce peu
de bien que nous y auions ; & , ce
qui nous affligeoit plus, la bonne
renommée,auec tout le reſte qui ſe
peut perdre, ſauf la vie languiſſan-
te , & la bonne conſcience, que
nous auons portée ſaine & ſauue
en tout lieu : mais Dieu, qui a cure
de l'innocence oppreſſée, nous a
releuez & gueris par la main de
celuy meſmes qui nous auoit faict
la playe,& reparé nos pertes à double recolte , & recompenſe com-
blée, ouurant l'oreille de ce Prince
à nos doleances & iuſtifications,
luy faiſant voir la ſincerité de no-

ftre inftitut, contre ceux qui l'a-
uoyent infamé, & nous donnant
fon affection & fon cœur, pour
nous affifter & defendre en Roy
& en Pere.

26   On nous auoit calomnié par
malins libelles &faux difcours,que
nous eftions ennemis des Rois &
Potentats:c'eftoit la calomnie que
le Diable a toufiours faict ioüer
par grande violence contre ceux
qu'il a voulu exterminer de main
forte,à ces fins il fit accufer les Hebrieux en la Cour de Pharaon &
d'Affuere,& Dauid en celle de Saül;
& noftre Chef IESVS CHRIST au
parquet de Pilate, & les trois cens
ans premiers de l'Eglife naiffante
iufques à Conftantin le Grand
premier Empereur Chreftien, fa
groffe piece de perfequution,fut le
bruit qu'il faifoit retentir par le
monde,que les Chreftiens eftoyét

enne

ennemis des Empereurs, & c'estoit
la persequution que le mesme Sauueur predisoit à ses disciples, disát,
vous serez menez deuant les gouuerneurs & les Roys. Ainsi donc
cest ennemy de vertu & de verité,
selon sa vieille rotine, auoit semé
par la bouche de ses Ministres, que
nous estions ennemis des Roys ;
mais Dieu a faict que celuy, de l'o-
reille duquel ceux-cy vouloyent
abuser pour nous perdre, a ouuert
les yeux à l'innocence, & a reco-
gneu à la fin par nos loix, reigles &
œuures, qu'il n'y a Ordre en l'E-
glise, qui respecte & honore plus
les Roys & Magistrats, que faict
le nostre, non seulement Chrestiens, mais encores Payens : &
la touché dedans le Royaume
par l'experience de plusieurs offices & seruices d'affection & fidelité qu'il a receu des gens de nostre

Compagnie grands & petits; & dehors le Royaume par nos humbles deportemens enuers les Princes Payens & Idolatres, qui pour ce nous ayment & nous font du bien: & a prins si à cœur la protection de nostre cause sur ce subiect, qu'il a voulu faire raser les marques plus eminentes de sa bonne fortune, dressées par la iustice, par ce que contre l'intention de la iustice, on auoit en icelles marqué d'infamie nostre innocence, comme entachée du crime d'attentat, combien que la marque de sa clemence & iustice, qu'il a substitué en cet endroict, luy sera plus glorieuse, que iamais n'eust esté le marbre planté de la Pyramide.

27   On nous auoit depeinct comme gens hautains & ambitieux, il a cognu que les mesmes loix fuyét

De l'orgueil & ambition obiectée.

à

à grand erre les Prelatures, & les
honneurs, & par de tres fortes bar-
rieres de vœux ferment toutes les
portes & aduenuës à l'orgueil, & à
l'ambition. De cecy il en a eu encor de bonnes preuües, nommément en ceux qu'il a cogneu plus
familierement , & qu'il a voulu
gratifier de quelque dignité , lefquels il a veu s'excuſer humblemét
de l'accepter, & faire plus d'eſtat
de garder l'integrité de noſtre In-
ſtitut, que d'vne Abbaye, Eueſché,
ou autre Prelature; & que les benefices que la Compagnie acceptoit,
eſtoyent pour la dotation des Colleges, ou Nouitiats en commun,
auſquels perſonne en particulier
ne pretendoit aucun droit , pour
en tirer ſes menus plaiſirs. Les Eſ-
pagnols de la pretendue Religion
luy auoyent cent fois inculqué
que tous les Ieſuites eſtoyent Eſpa,

gnols, pour les rendre odieux par
foupçon d'auerfion de la France:il
cogneut à la fin que les Iefuites
François eftoyent bons François,
amateurs de leur Roy & de leur
païs, côme les Efpagnols du leur,
& que c'eftoyent les accufateurs
mefmes des Iefuites, qui eftoyent
mauuais François,& mauuais Ef-
pagnols:ce qu'il leur reprocha vn
matin à fon leuer,quand il demanda à quelques Seigneurs Huguenots des pl⁹ apparés, ce qui s'eftoit
pafsé de la galere deffaicte aux païs
bas;& comme ils tergiuerfoyent à
refpondre de peur de s'entrecou-
per. C'eft vous, dict-il , Meffieurs
qui l'auez armée & munitionnée,
comme autrefois les Rochellois
ont faict fans mon fçeu;& cependant vous ne faictes que tonner
contre les Efpagnols, & trafiquez
feuls auec eux en temps de guerre.

Or

Or dictes moy si vn seul simple Ie-
suite auoit faict la moindre de ces
choses, tout leur Ordre seroit il bõ,
à vostre dire, à donner aux chiens?
& en cecy comme és autres calom-
nies, il deffendoit cette Compagnie à toutes occurrences, & faisoit caresses aux Peres des autres
nations, qui quelquefois sont ve-
nus en Cour, pour baiser les mains
à sa Majesté, comme fut le Pere
Oliuier Manar Flamand, le Pere
Simon Aluarus, le Pere Claude
Godin Portuguais, le Pere Iean
Aluarus de mesme natió, & le Pere
Ferdinand Bastida Espagnol, auec
les autres de nation Italienne, le
Pere Magius nommé cy dessus, &
le Pere Hierofme Barison.

28   On nous taxoit comme gens *Des riche-*
opulens, & auaricieux, & aspres aux *ses & aua-*
biens de la terre, par ce que nous *rice.*
auons des domiciles rantez com-

me sont les Colleges, & Maisons de probation; il a veu au mesme Institut qu'il n'y a loix plus seueres de la pauureté Religieuse, que chez nous, où chascun renonce par loy de vœu à la propriété de tout bien temporel sans reserue, qui est le cœur de la pauureté Euangelique. Et quát est des choses exterieures, elle ne peut estre en icelles plus grande, ne plus estroitte, à gens qui font profession d'aider le prochain, ausquels est necessaire d'auoir ce que dict l'Apostre, dequoy se substenter & vestir, pour employer apres, sa vie & ses forces, enseignant, preschant, & faisant les autres fonctions de nostre Ordre. Et d'autant que ce bruit de richesses & d'auarice bourdonnoit importunément par l'artifice des Ministres aux oreilles de plusieurs, donnant vne mauuaise odeur à nostre

noſtre robbe ; il voulut ſçauoir à
fond ſondé, les rantes de tous &
chaſcuns nöz Colleges de la France, & vit auec admiration, que les
plus aiſez n'auoyent pas cinquante eſcus à chaſque teſte, pour en-
tretenir leurs ouuriers, & pluſieurs
qui n'en auoyent pas quarante,
pluſieurs moins de trente, & que
ſans les aumoſnes, ils ne pouuoyét
ſubſiſter, leſquelles toutesfois ils
iouiſſoyent difficilement, ſi elles
eſtoyent notables; ſi bien que vul-
guerement il falloit ou les perdre
du tout, ou les auoir à poinĉte de
proces, & à lopins. Et quant eſt des
Maiſons profeſſes, qui eſt la teſte
de cette Compagnie, & la troiſieſ-
me ſorte de Domiciles, elles n'a-
uoyent, ny pouuoyent auoir rantes aucunes, non pas meſmes pour
la fabrique, ou ſacriſtie; & que leur
domaine & poſſeſsions, leur gre-
nier

nier & leur caue, & leurs threfors e-
ftoyent ferrez dans le deftroict
d'vne beface appuyée fur l'efpaule
de la mifericorde volontaire des
gens de bié, qui n'eft pas toufiours
ny en quartier, ny en veine.

*De l'infti-
tution de la
iuneffe.*

29   On luy auoit faict entendre
que nous gaftiós la ieuneffe, & que
de nos Efcoles ne fortoit aucun
ieune homme bien appris; il a veu
les fruicts que la diuine prouidence produict de nos petits trauaux
en la culture de ceft aage, & qu'en
nos Efcoles auoyent efté dreffez
& nourris vn grand nóbre de ieunes gens, qui auec ce laict & nour-
riture deuote & bonnes lettres, fe
font apres faicts voir dignement
ez charges publiques en toute forte d'eftats & de vacation, d'Eglife,
& de Religion, de Magiftrat, de
milice & autres. Il s'en eft fouuent
refiouy & auffi fouuent eftóné, cóment

ment la calonie auoit esté si aueugle , & si effrontée que de planter
les dens à nostre reputation en vn
endroit si fort,& informé de cette
verité il a faict eriger autant de
nouueaux Colleges en ce Royaume,que la Compagnie a peu donner d'ouuriers,pour les assortir,aus-
quels estudient de vingt-huict à
trente mille escoliers de compte
faict, & en a doté vn de fondation
Royale à la Flesche, où est dressée
de soin particulier la noblesse Frá-
çoise, & autres qui y veulent venir,& a veu en la particuliere con-
uersation des nostres François &
autres , leur courage, & leur zele
à reduire les ames au train dela
vertu. La cognoissance de toutes ces choses, auec la lumiere que
Dieu luy donnoit en secret, comme il a de coustume de dóner aux
Roys, & Princes pour le bien des

peu

peuples , luy auoit engendré la
Royale affection qu'il portoit à
cette Compagnie , & iugeoit que
ceux qui la voudroyent cognoiſtre ſans paſſion mauuaiſe, ne fau-
droyent de l'aimer, & repetoit ſouuent que pour l'aimer , il ne falloit
que l'auoir cogneuë , qu'il auoit
eſté trompé ne la cognoiſſant pas,
& qu'il s'eſtoit detrompé en la cognoiſſant.

30. Ie luy ay ouy dire que s'il eut
voulu eſtre Religieux, il eut choiſi
d'eſtre Ieſuite, pour aider les ames;
ou Chartreux, pour la ſolitude &
entiere retraicte du monde : auſſi
s'appelloit il Ieſuite d'affection,
daignant honorer noſtre petiteſſe
de la communication de ſa gran-
deur; ſi bien qu'vn iour ſe partant
de luy le P. Hieroſme Bariſon Ita-
lien, que noſtre P. General Claude
Aquauiua luy auoit enuoyé pour
les

les afferes de noftre Congregation
generale alors prochaine l'an 1608.
il luy dit, mon pere affeurez Monfieur voftre General, que ie fuis Ie-
fuite en mon ame, encor que ma
robbe foit courte, & adioufta en
touchant fon efpee, dictes luy, que
ie veux eftre fon Vicaire General
en ce qui touche voftre Compagnie en mon Royaume, la prenant
en ma protection & fauuegarde, &
fouhaittant la conferuer en l'integrité de fon Inftitut : Ce qu'il a accompli Royalement d'œuure & de
parole à toutes occurrences, tant
qu'il a vefcu, en tout ce qu'il pouuoit, & quand on luy rapportoit
par fois les fautes de quelques par-
ticuliers, (car nous ne fommes pas
impeccables) il paroit aux coups
des accufations en vray Pere & en
prudent Iuge, difant qu'en la compagnie du Sauueur, qui n'eftoit que

de

de douze, il y auoit eu vn Iudas, &
qu'il ne falloit pas blaſmer toute
cette communauté, pour la faute
d'vn particulier, ains eſpargner vn
mébre pour le corps, pluſtoſt que
de nuire à tout le corps pour vn
membre. Que diray-ie d'aduantage de cette Royale affection enuers nous, de cette Royale prote-
ctió enuers ce petit Ordre trauerſé,
affligé, perſequuté en tát de lieux,
& ayant ſi grand beſoin d'auoir de
la prouidence diuine, tels protecteurs qu'elle nous auoit donné en
ce Prince, pour eſtre deffendu, de-
trapé, & garanti de bras eſtendu
de ſes difficultez, & par ſa protection & faueur auoir bon large
pour faire ſes fonctions, ſacrifier
au deſert de la Religió ſes trauaux
& ſa vie, pour la gloire de ſó Createur, & bien du public? Comment
expoſeray-ie par paroles, ou la grá-
deur

deur de l'immortelle affection de
ce Prince, ou la teneur de l'obliga-
tion eternelle que nous luy auons?
31	Mais comment diray ie sans
larmes, qu'apres nous auoir tes-
moigné en tant de façons l'amour
& le cœur de son ame, il nous a
voulu laisser celuy de son corps, &
nous faire depositaires du gage sacré de son amitié, & bien-vueil-
lance tres-Chrestienne? O mes Peres, qui auez porté de Paris à la
Flesche ce Royal depost, quel sentiment peut auoir voftre ame en
le portant? Et quel sentimét voftre
cœur, quand vous auez caché fous
la lame dans l'or ce cœur paternel,
vous souuenant de celuy qui si
cordialemét l'auoit employé pour
vous? Quel sentiment, ô nobleffe
Françoife, & nourriffons de sapien-
ce, dreffez en cette nouuelle Aca-
demie de Mufes Chrestiennes, re-

Son cœu
porté à l
Flefche.

E

ceuant la nouuelle de la mort de
voftre Roy Pere & fõdateur:Quel
fentiment encor fortans de la Flefche,pour receuoir fon cœur & honorer la fepulture d'iceluy de põ-
pe funebre auec les prefens de vos
efcrits, de vos ardens foufpirs, de
vos humbles & feruétes prieres ?O
mes Peres & Freres,qui eftes là,qui
eftes par toute la France , portans
la Soutane en cette Compagnie,
ains encor qui habitez les païs &
climats fuppofez aux trois Zones
du Ciel,& qui trauaillez pour plá-
ter l'honneur de la Croix, en autant d'endroicts, que le Soleil le-
uát,& ponát voit fur la terre habi-
table ; ie vo⁹ exhorte au nom de ce
grád Dieu que vous feruez,&vous
coniure tous tant qui oüirez cecy,
de garder en vos cœurs par deuë
recognoiffance,l'eternelle memoire de la Royale amitié de ce Roy
tref-

tres-Chreſtien, de ſes dons & de ſes
bien faicts, de les recognoiſtre par
reciproque amitié, par ſeruices, par
prieres, pour luy, & pour toute ſa
poſterité. Mais, ô Royne tres-Chreſtienne, où va, où vole ma plume,
& comment s'eſgare elle ſi loing,
eſcriuant du cœur de ce Prince, qui
n'eſt qu'à la Fleſche? Elle va, vole,
& s'eſgare, où le cœur & les ſouſpirs
de l'eſcriuain la pouſſent & luy dô-
nent l'eſſor, & ne peut trouuer repos, qu'en ſe priuant de repos. Elle
donne tât qu'elle ſe peut eſtendre,
parce que la renommée des vertus
& bien faicts du Prince, dont elle
eſcrit, s'eſt eſtenduë ſans borne
par tout l'vniuers.

32 Mais puis qu'il ſe faut tenir
en termes, & eſcrire par meſure &
à propos, elle reprend les traicts du
zele de voſtre tres-honoré Seigneur & mary, dont elle eſcriuoit,

& dict que ce zele fe monftroit encor à faire croiftre la fplendeur de
l'Eglife Catholique, & la rendre
toufiours plus luifante, en la no-
mination des Prelats dignes de
leur charge : à ces fins nommoit il
des Euefques, & Pafteurs illuftres
en vertu & faincteté de vie, comme on voit en plufieurs endroicts
du Royaume, & eftoit en volonté de perfeuerer toufiours mieux,
& vouloit qu'ils refidaffent en leurs
Diocefes, & veillaffent fur leur trou
peau. Ie dis que ce fien zele n'eftoit
pas content de fe contenir aux
contrées de la France, mais s'eften-
doit aux païs eftrangers & loin-
tains ; & ainfi ces années paffées
ayant efté aduerti par Monfieur
de Breues Ambaffadeur alors pour
fa Majefté en Leuant, que le grand
Turc eftoit fur le poinct de ruiner
le Sainct Sepulchre, & faire vne
mofquée

mosquée de cet ancié & sacré me-
morial de nostre Redemption, &
diuin repaire de la deuotion des
Chrestiens, il manda à sondit Ambassadeur d'empescher cette exe-
quution, luy donnant lettres sur ce
faict, pour presenter au grand Seigneur; ce qu'il qu'il fit aussi dextre-
ment, que pieusement: dequoy les
Religieux de S. François, gardiens
du lieu, luy ont donnné tesmoi-
gnage honorable, recognoissans
deuoir à sa Majesté par son Ambassadeur la conseruation de cette
noble piece. Le mesme Seigneur
luy auoit donné aduis d'enuoyer
quelques Peres de nostre compagnie pour aider les Chrestiens, à
Pera les Constantinople, à quoy il
donna l'oreille tres volontiers ; &
bien tost apres furent choisis cinq
des nostres tous François, pour s'y
acheminer, à sçauoir François de

Canillac Superieur de la mission,
Guillaume l'Euesque, & Charles
Gobi Prestres, & Claude Couló, &
Estiéne Viau Coadiuteurs lais, qui
prindrét la benedictió de nostre S.
Pere la susdicte annee passee 1609.
au quatriéme May, & arriuerent à
Constátinople au septiéme Septé-
bre; depuis lequel temps tousiours
assistés de sa Saincteté & de sa Majesté, ils y ont trauaillé auec grand
fruict & ioye spirituelle de ces pauures brebis priuees de Pasteur:
Mais non sans grandes persequutions, non seulement des Schif-
matiques, Heretiques, & Iuifs,
mais encores des mauuais Chrestiés, voire mesme Ecclesiastiques.
Ce qu'entendant sa Majesté, escriuit de bon accent au grand Seigneur, à ce qu'on ne leur fit aucun
tort ny empeschemét en leur pieu-
ses fonctions; ou Monsieur le Ba-
ron

Monsieur de Sallai-gnac.

rō de Sallaignac Ambaſſadeur depuis quatre ans , en Leuant pour ſa
Majeſté tres Chreſtienne, n'a laiſſé
aucun office de prudence,charité,
magnanimité, & liberalité pour
nous;ſollicitât le S. Pere, & le Roy,
& s'employant de tout ſon cœur,
pour arroſer, ſouſtenir, & accroi-
ſtre la vigne de cette nouuelle Re-
ſidence plantee aux ſablons & de-
ſerts de la Foy , au milieu des buiſ-
ſons,eſpines,& ronces des hereſies,
ſchiſmes & infidelitez Turqueſ-
ques & Payennes. Comme auſſi
par deçà mondit Seigneur de Breues continue de la maintenir, par
toutes les faueurs qu'il leur peut
faire,auec le credit que ſes vertus
luy ont acquis en ce païs-là; l'vn &
l'autre nous ayant obligé d'vn be-
nefice eternel,& tous les Chreſtiés,
qui y reçoiuét le fruict de nos tra-
uaux.De meſme zele il deſſaignoit *Canada*

E 4

pour la fin de la preséte année 1610.
vne miſsion des ouuriers de cette
Compagnie en Canada, païs paral-
lele à la France vers l'Occident,
pour faire porter la lumiere de la
foy à ce pauure peuple, errant encor aux tenebres du Paganiſme, &
arborer les ſignes & drappeaux de
la Croix au regne de Sathan & l'v-
nir au Domaine de IESVS CHRIST:
deſſain qui s'exequutera, quand il
plaira au Roy, & à vous Madame.
Voz Majeſtez auront deuát Dieu
vn grád merite,& vne gráde gloire,de tels exploicts ; & l'Eſtat de la
France en receura vne arre celeſte
de bon'heur, comme l'ame du defunct a emporté quand & ſoy le
fruict & l'honneur de ſa bonne volonté. Toutes les vertus ſont de
grande loüange en vn Roy-tres-
Chreſtien,& releuent Royalemét
la Majeſté de ſon Sceptre par ſes

pro

propres qualitez.

33   Il y en auoit encor d'autres, lesquelles sont cōmunes à tous vrais
Chrestiens, mais paroissant en la
personne d'vn Roy, elles donnent
& prennent plus grand lustre, des-
quelles la pieté, deuotion & ten-
dresse de cœur aux choses spiri-
tuelles, est des premieres : Elle estoit remarquable au Roy, mais fra-
che & sans affectation ; ce qu'on
voyoit en tous ses exercices de Religion : Il prioit Dieu de grande affection en ses heures, matin & soir :
Il ne iuroit iamais : Il prattiquoit
auec grand sentiment de l'ame le
Sacrement de Penitence, & de la
saincte Eucharistie ; & en l'vn &
l'autre tesmoignoit auec ses larmes
l'amertume qu'il sentoit de ses in-
firmitez & defauts , qu'il proposoit Royalement corriger, & faisoit plusieurs beaux propos de ma-

gnanimité, & gaignoit touſiours quelque victoire ſur ſoy. On la veu ſouuent larmoyer a la Communion, & à la predication, voire encor quand il oyoit quelques deuis familiers & pieux de la vie future, & du Paradis. Il aſſiſtoit tous les iours à la Meſſe tres-deuotement, & s'enqueroit d'vne ſaincte curioſité de tous lesMyſteres de cet auguſte Sacrement, & Sacrifice ; & touſiours à deux genouils, ſi la cerimonie ne requeroit autre poſture. On luy dict vn iour que Monſieur le Dauphin oüyát la Meſſe, auoit faict mettre les deux genoux à terre à quelque Gentil'homme, qu'il voyoit en auoir vn en l'air; les enfans, dict-il, nous apprennent noſtre leçon en la deuotion. Vn iour de Samedy Sainct, ne pouvát aſſiſter au diuin Seruice, à raiſon d'vne fieure qui l'auoit alicté, il ſe

fit

fit expofer en fa chambre à fon
Côfeffeur le Pere Pierre Coton les
Propheties de l'Office qu'il enten-
dit auec vne grande tendreffe de
cœur. Le nerf de la deuotion Chre-
ftienne, eft conformer fa volonté
à celle de Dieu, & vouloir ce qu'il
veut, & ne vouloir ce qu'il ne veut;
il l'auoit auffi, & s'y refoluoit d'vne
Royale magnanimité. Vn iour vn
Medecin luy difoit que voftre
Majefté enceinte auoit tous les fignes d'accoucher d'vn fils; ie me
remets, dict-il, à la prouidence de
Dieu, qui fçait ce qui nous eft neceffaire: ie veux ce qu'il voudra, foit
mafle, foit femelle, & monftroit
en plufieurs rencontres de fanté,
de maladie, & autres chofes in-
differentes, qu'il auoit le cœur
indifferent pour le faire pancher
la part où feroit la volonté de
Dieu.

*De son re-
gne.*

34 IE viens au tiers membre de
mon discours, qui est de son
regne, duquel les merueilles n'ont
esté moindres que celles de sa personne & de sa conuersion : Grande
merueille qu'il a esté faict Roy de
France auec tous les bós titres, qui
peuuent establir vn Roy en la
Royauté, à sçauoir, par droict de
succession, par armes, & par le con-
sentement de ses amis & ennemis,
comme par election ; et quatrié-
mement par des voyes extraordinaires, comme par vocation diuine. Des trois premiers titres, il est
euident de prime face sans emprút
de discours & de preuue. Il est encor clair du quatriéme, si on consi-
dere les circonstances des temps,
des Estats & des Maisons de Fran-

*Sa naif-
sance l'an
1553. le 13.
Decébre.*

ce. Il vint au móde l'an 1553. Qui eut
dict alors, qu'il deut estre Roy de
France, estant en vie le Roy Henry

ry Second, qui fut son parrin, ayát
trois ou quatre enfans masles? qui
eut peu coniecturer sans merueille, que des lors Dieu ietta l'œil de
sa prouidence sur luy, le marquant
Roy de Fráce, pour luy faire commencer son regne trente six ans
apres, par des voyes extraordinaires? Certes si quelque Samuel l'eut
dict, il eut donné la Prophetie d'v-
ne chose future admirable: Elle a
esté encor plus admirable estant
aduenuë, & de tant plus qu'elle
estoit esloignee de la pensee des
hommes; & sa vocation à la Corõ-
ne, d'autant plus diuine, que les
voyes par lesquelles elle a esté ac-
cóplie, ont esté par dessus le cours
commú, & fournies d'vne speciale
prouidence du Ciel. La sortie des
Hebrieux tirés de l'Ægyte par vne
main forte & puissante, fut diuine;
la prinse de possession de la terre

pro

promise diuine encor, à raison des
extraordinaires moyens tenus, tát
pour sortir de captiuité, que pour
viure & combattre au desert, &
subiuguer les peuples, & Roys de
la Palestine. Voye extraordinaire icy, que trois Roys de France
sont morts, pour donner place à vn Roy de Nauarre, & luy
mettre le Sceptre de la France en
main, & la Coronne en teste, lors
qu'il estoit reduit au petit poinct,
& pensoit moins que iamais à ce
changement, & luy falloit combattre plusieurs testes, & comme
cette vocation au sceptre, estoit
diuine, aussi semble elle auoir esté
diuinement predicte vn peu deuant la mort du Roy Henry troisiesme: car à Bourbon les Moulins,
la foudre donnant contre les vi-
tres de la saincte Chapelle, semées
de fleurs de Lis d'or sans nombre

sur

sur l'azur, auec la barre legitime de
gueules, qui sont les Armoiries de
Bourbon, ne brisa rien que la barre, & fit des Armoiries de Bourbon,
les Armoiries de France; signe que
Dieu appelloit le premier de la
maison de Bourbon à la Coronne
de Fráce: l'ay veu & apprins ce que
ie dis sur le lieu, l'an 1605. passant
par Moulins pour l'establissement
du College, & le racontay à sa
Majesté peu de iours apres, qui en
fut aise; signe encor de cette barre
rompue, en cette façon que les
difficultez, qui faisoyent la barre,
& l'empeschement seroyent ostées
du Ciel; ce que l'experience monstra bien tost: Ne fut ce pas vn effect & vn coup du Ciel & vn grand
empeschement osté du Ciel, que
d'vn persequuteur de l'Eglise, fut
faict vn fils aisné de l'Eglise: coups
du Ciel encores que tant de diffi-

cultez qui s'oppofoyét à fon droit,
ayant efté rompues & brifées en
fi peu de temps & fi diuinemenr,
coups & faueurs du Ciel, que tant
de dangers de fa perfonne ayent
efté fi heureufement euitéz , &
qu'en vn inftant la Foy, la Paix, le
bon-heur,& le contentement , fe
foyent trouuez logez enfemble
en la France, contre l'Herefie , la
guerre , le mal-heur , & le mef-
aife?

*La plus
grāde dif-
ficulté pour
entrer en
poſſeſſiõ de
fon regne.*

35   Or de toutes les difficultez,la
plus grande fut appuyée ou pre-
textée fur l'interim de fa conuerfion,car comme il ne pouuoit eftre
fils aifné de l'Eglife, qu'il ne fuft
fils de l'Eglife, ny Roy tref-Chre-
ftien,qu'il ne fut fidele Chreftien;
autant fe reculoit fa Coronation
temporelle, que fa conuerfion fpi-
rituelle fe differoit, & tandis qu'il
temporifoit,pour eftre inftruict,&

pren

prendre langue du sainct Esprit,
on print occasion de penser qu'il
tergiuersoit, pour ne se departir iamais de la doctrine qu'il auoit suc-
cée auec le laict de son enfance, &
sur cette presomption furent fon-
dées les oppositions de trois sortes
de gens, qui le trauersoyent, les
vns estoyent esmeus de la iuste
crainte qu'ils auoyent que luy
estát Roy de France, armé de puis-
fance & d'auctorité, il ne fit prendre coup à la Religion Catholique
en France: les autres poussez de zele, faisoyent tout effort de defendre cette Religion, s'opposant au
danger à outrance : les autres se
mettoyent à la trauerse, auec pre-
texte de Religion, comme les premiers & seconds, mais possible in-
duicts de leur propre interest, cher-
choyent la terre affublez de la ca-
pe du Ciel. Dieu qui voit tout &

F

confidere tout, fit vn diuin repart
de fa mifericorde, & de fa iuftice
enfemble en la perfonne du Roy,
donnant à chafcun ce qu'il luy falloit pour remede de fon mal. En
faueur des premiers il fit le Roy
Catholique, les gariffant de la
crainte qu'ils auoyent qu'il ne
demeuraft enfon erreur; en faueur
des feconds il fit le Roy non feulement Catholique, mais zelateur
de la Foy Catholique:&par ce que
cette Compagnie pouffee de zele pour la Foy, & pour fa Patrie,
s'eftoit employee fans efpargne
pour l'vne & pour l'autre, & auoit
efté chaffee de fa patrie &fingulie-
rement enduré & pati l'ardeur du
Soleil, & le trauail du iour; pour
quelque notable confolation,cet-
te mefme prouidence luy a à la
fin conuerty, & donné le cœur du
Roy viuant & mourant,& d'ennemy

my remarquable, le luy a rendu protecteur & bienfacteur singulier & vray Pere: merueille que persóne ne peut nier, non pas mesmes ceux qui disent que les miracles sont ex- pirez. Aux troisiemes pour doux & honorable chastiment, il leur don- na pour Roy celuy qu'ils auoyent prins pour bute, mais Roy tres-cle- mét, qui aima mieux les auoir spe- ctateurs de ses triomphes, que pri- sonniers de iustice ou de guerre, & victimes de vengeance & de mort.

36   Le progrez a eu ses merueilles, comme le commencement, la paix honnorable auec l'estranger , & deux villes imprenables rendues, Calais, & Amiens ; toutes les villes où les Catholiques cómandoyent, mises entre les mains de sa Maje- sté, & ceux de la pretendue Reli- gion reformée y mettront celles qu'ils tiennent encor , quand ils

Le progrèz de son Re- gne.

suiuront l'esprit de leur bon naturel François & la leçon du Liure de
Dieu, qui commande d'obeïr aux
Roys, & defend de dreſſer vn eſtat
dãs ſon eſtat : merueille auſſi a eſté
le bon heur du mariage faict entre ſa Majeſté & la voſtre, & l'alliã-
ce du ſang imperial auec celuy de
France, bon heur ineſtimable : car
ſi c'eſt vn rencontre d'vn grand
threſor de trouuer vne eſpouſe
vertueuſe, ç'a eſté vn acqueſt d'vn
biẽ indicible au Roy, de vous auoir
eſpouſee, auec le riche doüaire de
vos vertus Royales, qui ſurpaſſent
le prix de mille threſors, & qui voꝰ
faiſoit pieça digne d'auoir pour
mari le premier Roy du monde.
Merueille encor l'heureuſe naiſ-
ſance d'vn Dauphin, en la premiere année d'iceluy Mariage, & de
ſuite fauorable deux autres maſles
& trois filles, les plus deſirez fruicts

de

de la Royale couche, contenant le
tige & la femence d'vne longue
pofterité, s'il plaift à Dieu protecteur fpecial de la Frâce, la profpe-
rer toufiours de la faueur de fa diui
ne prouidence. Merueille l'accord
conclud auec le Sereniffime Prince de Sauoye, les Ambaffades faictes en diuers païs, nommément,
comme i'ay dict cy deffus, celle de
Monfeigneur de Neuers à noftre
Sainct Pere Paul cinquiefme, ad-
miree de tous ceux qui n'admirent
rien de mediocre ; le deteftable &
pernicieux abus des duels côdam-
né & prohibé par vn feuere edict,
& la caufe d'vn ignominieux &
eternel opprobre, oftée à la fole
ambition d'honneur faux ; & l'oc-
cafiô de maintes infortunes dedâs
ce Royaume, retranchée; bon heur
& merueille encor la feureté par
tout le Royaume, és villes & aux

champs, où au parauant perſonne n'eſtoit aſſeuré ; en ſomme vne
belle eſperance que les choſes du
Royaume iroyent de mieux en
mieux pour la Religion Catholique, & pour l'eſtat, veu le bõ deſir,
& la bonne diſpoſition que ſa Majeſté monſtroit par effect de vouloir donner bon ordre & bon re-
glement à toutes les parties de ce
corps Monarchique, trauaillé des
excez des maladies ciuiles de cin.
quante ans en ça, qu'on n'auoit pas
ſi toſt peu remettre en ſon entiere
& ancienne ſanté & vigueur. Ie ne
dis rien des edifices Royaulx, &
œuures magnifiques qui ſe ſõt faictes par luy, à Paris, à Fõteinebleau,
à S. Germain, & ailleurs ; il vaut
mieux couurir ces choſes du voi-
le de ſilence, qu'en faire parade en
paſſant, meſmes où il y en a de plus
belles; elles monſtrent neantmoins
quel

quel eſtoit ſon eſprit, & ſont ornemens de ſon Regne.

Mais, Madame, qu'elle conſolation aura voſtre Majeſté & la France auec elle , oyant les merueilles
de ce Prince, de ſes vertus, de ſa cō-
uerſion , de ſon Regne, de ſes dons
de nature & de grace, que i'ay dict,
& que ie n'ay pas dict, ne pouuant
tout dire, ny eſcrire pluſieurs liures
dans vne lettre , comme l'ancien
artiſan graua les vint-quatre liures
de l'Iliade d'Homere ſur l'eſcorce   *L'Iliad*
d'vne noix? Quel ſoulagement dif-
je aura voſtre ame en ſon dueil, ſe
ſouuenant de la perte de celuy qui
donnoit fond & luſtre à toutes ces
merueilles? qui poſſedoit toutes ces
richeſſes d'eſprit, & de corps? qui
promettoit toutes ces eſperances,
& qui ſemble auoir tout mis au
cercueil & enſeueli quand & ſoy?
Madame, voſtre Majeſte' ne peut

tirer de la narration de ces choses
autre soulas qu'vne douce memoire de sõ Seigneur & mary, vne viue
image de ses graces , si ma plume les a sceu naïfuement pour-
trairé ; & à l'aspect de cette image, se consoler , voire en pleurant
& gemissant, à la façon de l'espouse
qui contemple le pourtraict de son
espoux defunct, & se soulage par
larmes & souspirs en le contéplant;
ou à guise de ceux qui pleurent
oyant raconter sur vn theatre par
discours poëtiques , ou en chaire
par oraisons funebres, les fortunes
& infortunes lamentables & hauts
faicts des grands Roys:& de tant
plus qu'ils iettent de larmes de
leurs yeux , de tant plus sont ils
contens & resiouis en leur ame:
cette image vous represente ce
Roy comme viuant; car c'est vne
image viue &immortelle,tirée des

cou

couleurs des vertus de son patron,
qui ne peuuent mourir:image qui
ne peut estre enseuelie, ny endurer corruption sous la lame ; plus
noble de beaucoup que celle qui
en la quaranteine du dueil Royal,
a esté mise en la sale du Louure sur
le lict de parade,&apres portée aux
obseques Royales dedans le cha-
riot d'armes ; parce qu'elle represente, non le corps, mais l'ame du
defunct ; & le faict aucunement
viure,& donne quelque reparatiõ
de la perte de sa presence, & quelque soulas au milieu du dueil:si le
souuenir de la mort de ce grand
Roy vostre espoux faict gemir
vostre Majesté vefue, comme il
n'en faut pas douter; gemir toute
la France orpheline, gemir toute
l'Europe estonnée;que le souuenir
de son immortalité, de son nom,
de ses belles œuures , facent res-

*Cri du Roy
d'armes
ſous la vou
te des Roys.
du Tillet.*

*Ceremo-
nies en
l'enterre-
ment des
Roys de
France.*

*Deux Offi-
ciers morts
de dueil.
du Tillet.*

iouir voſtre Majeſté, comme la
France & l'Europe. Le premier iour
de ce mois de Iuillet, le Heraut &
Roy d'armes eſtant ſous la voute
de l'Egliſe ſainct Denys heberge-
ment ſepulchral des corps de nos
Rcys, apres l'enterremét cria trois
fois d'vne voix lamétable, *Le Roy
eſt mort, priez pour ſon ame.* Ie ne doute point que cette voix n'ait fen-
du le cœur de ceux qui l'ont oüie,
& ſi elle euſt eſté ſi forte qu'elle eut
peu frapper l'oreille de tout le peuple François, elle eſtoit ſuffiſante
pour rengreger à pluſieurs la playe
du dueil iuſques à la mort. comme
il aduint à deux officiers de la garde de Charles huictieſme, qui
moururent de ſoudaine triſteſſe à
la rupture du baſton Magiſtral.
Que cette voix ſoit adoucie par
l'autre, qui apres a eſté proferée à
l'inſtát, par le meſme Heraut trois
fois

fois encor, *Viue le Roy Louys trezief-
me.* Qu'il viue vn fiecle, & viue eter
nellement , mais que cette voix
s'entende aufsi de fon tref honoré
Pere, & foit dict, *Viue le Roy Henry
quatriefme*, Roy immortel par fes
proüeffes & qualitez Royales, qui
a regné au cœur de fes fubiects &
amis, s'eft faict admirer en l'efprit
de fes ennemis, qui regnera en la
longue profperité de fa race, en la
memoire des fiecles, & peuples à
venir.

38 VOILA Madame, trois actes
finis de la Confolatió: fuit *De la
mort du
Roy.*
le quatriefme contenant la cata-
ftrofe de la tragedie & la mort du
Roy, de laquelle il me faut parler
felon ma promeffe, comme de fa
perfonne, de fa conuerfion, & de
fon regne, & monftrer qu'elle eft
merueilleufe. Mais ie ne fçay par
quel bout commencer, ny par
quel

quelle iſſuë finir. Ie vois en la porte de mon diſcours l'effigie d'vne
mort auſsi horrible que cruelle,&
non conuenable à la qualité d'vn
Roy tres-Chreſtien,ie vois ce bon
Roy aſſaſsiné d'vne main parricide rendre l'eſprit hors le temps:&
ſi ie veux dire les merueilles de cette mort,vn eſquadron de merueilles funeſtes ſe preſente deuant les
yeux de mó eſprit effrayé, vn Roy
tres-Chreſtien,tres-bening,&tres-
ſage parricidé par la main d'vn
pendard , au milieu de ſes triomphes , en ſa bonne ville de Paris.
Pluſtoſt feru que pouuoir eſtre ſe-
couru,pluſtoſt eſtouffé que pouuoir parler,& ſa vie pluſtoſt noyée
dedás les ondes de ſon ſang Royal
que pouuoir dire ſes derniers a-
dieux à vo⁹, Madame,à ſes enfás,à
ſes fideles amis,à ſó bó peuple.Ha
pendard!deſnaturé Fráçois, qu'as-
tu

tu faict, ou que veux tu faire , ap-
poinctant le fer parricide au ſacré
coſté de L'OINCT du Seigneur , &
frappant le cœur de celuy qui a
gaigné le cœur de tous ceux qui
ont ouy ſes vertus & prouëſſes,non
ſeulement des Chreſtiens,mais encor des Payens plus Barbares?Qui
frappes tu malheureux ? tu frappes en ſon cœur le cœur de toute
l'Europe. As-tu l'ame d'vn hóme,
& non d'vn cruel rinoceros, haiſ-
ſant celuy qui eſt aymé de tous,&
oſtant la vie à celuy que chacun
deſire viure pluſieurs ſiecles ? ton
corps n'eſt il pas animé de quelque Demon des plus ſcelerats &
impies qui blaſphemét,& grincét
de rage là bas , animé encor de
quelque legion furiale,qui t'a en-
flammé le cœur,enflé les poulmós,
& roidy le bras pour le hauſſer à ce
coup execrable?mais oſeras tu bië

Les Roys
Oincts d
Dieu.

exe

executer ton deſſain malheureux,
& aſſaſſiner ce grand Roy, le Roy
de France , qui n'a ſon pareil en
tout l'vniuers?l'aſſaſſiner entre ſes
chers amis, en plein iour,en pleine ruë, en ſon caroſſe Royal?Ha
caroſſe,ie te vois arreſté,pourquoy
t'arreſtes tu en cette rue,en ce pas,
en ce lieu perilleux, portant vne
charge ſi pretieuſe? tu portes en
ton ſein Henry le Grand, la grande fortune de la France , le pere
des François,l'honneur des Roys,
la merueille du monde; n'arreſte
plus en ce paſſage, qui cache vn
brigand deteſtable, vn horrible
malheur?Auant,Caroſſier, donne
de la voix & du foüet,bondiſſez,ô
courſiers,gallopez & detrapez vi-
ſtement de danger ce caroſſe,& ce
gage precieux ; & ne donnez loiſir
de ietter ſa rage à ce voleur deſeſ-
peré,qui accompagné de pluſieurs

Dꝫ

Demons regarde ce Prince, l'attend, & le guette ; à ce tygre furieux & endiablé, qui le flaire &
prend le vent,& luy va rauir la vie,
& noyer dans son sang, s'il peut,
le bon heur & repos de la France.
Las!c'est trop arresté, il a faict son
coup,& ouuert les portes à la mort.
Ha Prince valeureux, auiez vous
vescu cinquante sept ans en ce
monde pour mourir ainsi? estiez
vous esleué à la Royauté , par les
degrez de tant de merueilles, es-
chappé de tant de dangers , & de
tant de charges?de l'effort de trois
batailles rangées, du hazard de
trois cens sieges de place, de l'af-
front de trente cinq rencontres
d'armées,du heurt de cent & quarante combats, asseuré parmy la
gresle des boulets,des plombs, des
bales,des harquebuses, mousquets
&artilleries;parmy les poinctes des
fers

fers aux foſſez, aux tranchées, aux
embuſches des ennemis, pour eſtre
à la fin meurtri d'vn bras deteſtable , entre vos amis & ſeruiteurs;
pour ſortir de cette vie par vne
porte parée de ſi funeſtes , & ſi
horribles merueilles, par vne porte d'vne mort violente , ſoudaine,
& ineſperée, que tout vray enfant
de Dieu doit craindre, appris de la
voix de ſa mere l'Egliſe, laquelle
par prieres ordinaires demande
l'exemption d'vne telle mort, cóme la deliurance d'vn grand deſaſtre, & dict auec grand'inſtance,
Deliure nous Seigneur de la mort ſubite,
& non preueuë?

39   Icy, Madame, le cœur me pal-
pite, la ſueur & palleur me vient au
viſage, la main me tremble, & ma
plume tarit au milieu de mes larmes , plus propre à baigner &
broüiller le papier , qu'à y peindre
des

des caracteres de confolation. Icy
la mort m'efpouuante à bô efciét,
par ce que ie vois qu'il n'y a rien fi
efpouuâtable, que ce gére de mort;
mais puis qu'il a pleu à Dieu permettre ce malheur, il fe faut conformer à fa faincte volonté, & croire non feulement qu'il eft iufte, &
fage en fa permiffion pour en tirer
profit, mais encor mifericordieux,
voire pour le defunct, comme no⁹
le verrons vn iour. Il n'eft pas au-
cteur du forfaict, ny inftigateur du
malfacteur, comme dict la blaf-
phemante voix de Caluin, ains il
le detefte, comme contraire à fes
Loix, qui prohibent le meurtre,
nommément celuy qui eft com-
mis en la perfonne du pere, qui eft
vn Parricide; & du Pere commun,
tel que font les Rois, que par autres Loix il commande eftroitte-
ment honorer : Parricide beau-

G

coup plus detestable en leur personne, que celuy qui est faict en la
personne du Pere naturel ; crime
& forfaict de leze Majesté diuine
& humaine en premier chef. Dieu
le pouuoit empescher de puissan-
ce absoluë, comme il pourroit empescher tous les maux qui se font,
& deliurer le Prince de ce danger,
comme cent fois il l'auoit preser-
ué de mort ; il pouuoit lier les
mains à ce lougarou enragé, & ne
faut pas douter qu'il ne luy eust jà
donné plusieurs bonnes inspira-
tions, & atteinctes de conscience,
pour le diuertir de la trainée de sa
meschanceté, & qu'il ne l'eust plusieurs fois empesché de l'exequuter
durant le temps qu'il l'espioit à
Paris; mais le voyant obstiné, comme vn Iudas, il luy à lasché à la fin
la bride, comme il fist à Iudas, luy
permettant d'vser & d'abuser de
son

Dieu peut
empescher
le mal.

son franc arbitre, & s'enferrer à la
mort, en caufant la mort à autruy:
c'eft à fa bonté & fageffe de tour-
ner le mal qu'il a permis, en vn
plus grand bien, comme il a faict
des autres qu'il permet;car s'il n'en
fçauoit tirer profit pour fa gloire&
bien de fes efleuz,il ne les permet-
troit pas. Il pouuoit empefcher les
Iuifs , qu'ils ne miffent la main au
corps de fon Fils , & ne le fiffent
mourir , & les en detourna par aduis & menaces tant que fa loy le
permettoit, fans intereffer la fran-
chife de leur liberté;mais en fin il
leur permit d'exequuter leur def-
fain , & tremper leurs mains de-
teftables au fang de l'innocent,&
commettre vn Parricide le plus e-
xecrable qui fe puiffe commettre
des hommes ; car ce fut tuer Dieu,
Pere, & Createur de toutes chofes.
Il le permit donc,mais auec deffein

*Le plus
grandPar-
ricide de
tous.*

& volonté de le conuertir , comme il a faict,au salut des humains.
Donc pour recueillir fruict de cõ-
solation de tous les coups aduersaires, c'est de cõsiderer qu'il n'aduient aucun mal sans la permission de Dieu; & que tout ce qu'il
permet,nous peut estre profitable,
si nous sommes patiens,& sçauons
bien tenir le gouuernail de nostre
franc arbitre en la tormente des
vents contraires, & voguer sur les
flots de la mer courroucée, faisans
tousiours demeurer la raison &
pieté Chrestienne,en la pouppe de
nostre vaisseau.

*La mort
soudaine,
y lesmaux
le fortune
e sont pas
rgumens
rtains de
amnatiõ.* 41   Ie dis secondemẽt, que de ces
morts soudaines & desastreuses,
violentes ou de maladie, l'on ne
doit pas tousiours tirer consequé-
ce de perdition; non plus que des
aduersitez d'vne personne , iuger
qu'elle est meschante, comme faisoyent

ſoyent les amis de Iob; ny au contraire prendre argument certain
de ſalut, d'vne mort paiſible ; ny
d'vne grande proſperité d'vn hóme, tenir pour aſſeuré qu'il eſt hóme de bié, s'il n'a autres enſeignes:
pluſieurs expirent miſerablement
qui ſont ſauuez, pluſieurs meurent
honorablement, qui ſont damnez.
Lazare expira d'angoiſſe & de ma-
le faim, chargé de playes & d'infir-
mitez, giſant ſur la dure, abandon-
né de tous; & ſon ame chaſſée du
corps fut portée au ſein d'Abraham , repos & repaire des iuſtes:
Le mauuais riche mourut en ſon
lict mollet, & paré à la Royale; aſ-
ſiſté de moyens, d'amis, de Medecins , & de ſeruiteurs, & fut preci-
pité là bas; & ſa couche eternelle
fut l'abyſme, & le puy d'enfer. Cóbien de gens iugerent alors des
yeux humains, que cetuy cy eſtoit

heureux en sa mort, & celuy là mal
heureux en la sienne? & combien
furent ils trópez en leur iugement?
Miphiboseth, fils du Roy Saül, fut
tué par des larrós domestiques, qui
l'assassinerent en son lict, comme il
reposoit sur le iour. Dauid le iu-
gea innocent, & fit tuer à l'instant
les assassins, qui luy anuoyent porté sa teste pour le gratifier. Fulco
Roy de Hierusalem courant vn
lieure, fut ietté par terre, & petillé
de só cheual, expira sous ses pieds.
Iosias estant apres Dauid vn des
meilleurs Roys de Iuda, en pieté,
liberalité, deuotion, & autres vertus Royales ; & estant allé de bon
zele rencótrer Nechao Roy d'Æ-
gypte Payen pour luy faire teste, &
l'empecher de rauager le païs d'au.
truy, receut au camp vn coup de
fleche inopinément, & mourut.
Tous les gens de bien en furent

eston

estonnez, & le pleurerent amere-
ment, sur tous Hieremie, dict l'Escriture. Qui eut estimé qu'vn tel
Roy deut finir sa vie en telle faço?
Sainct Louys mourut de dissente-
rie aux riuages de l'Afrique au milieu de son armee trauaillee de pe-
ste aagé de cinquante sept ans, qui
est l'aage de nostre bon Roy : Ce
Sainct estoit allé l'à pour la cause
de Dieu, & y mourut pour Dieu,
contre le iugement des hómes, iu-
geás possible qu'ildeuoit estre pre-
serué encor en vie, & ne mourir en
cette façon, ny en cette terre. Egil-
lus Roy des Goths tres-bó Prince
fut tué en la ruë par vn taureau
furieux, que quelques meschás li-
bertins, ne pouuans endurer sa iustice, luy firent venir au deuant.
Malcomus premier Roy d'Escosse,
apres auoir faict plusieurs beaux
exploits de iustice, visitant son

Royaume fut estouffé en vne nuit.

42	Or Dieu voulât faire misericorde à ceux qui sôt ainsi surprins, il leur donne à l'instant la cognoissance d'eux mesmes, & vn cœur repenti & contrit, & leur faict crier merci en silence. Ainsi il est à esperer, Madame, que ce Pere misericordieux, ayant permis ce coup de malheur en la personne du Roy, luy aura donné en cet article de temps, le secours que l'Eglise luy pouuoit donner par les Sacremés: il aura sauué cette ame, qu'il auoit doüée de tant de belles graces, la receuant en la place, & compagnie de ses amys: Et parce que ce poinct contient le plus doux electuere de vostre consolation & de la France, ie tascheray d'apporter les signes, qui peuuent rendre cette assertion croyable, auec quelque lumiere de sa predestination, & apres mettray

les

les raisons pour lesquelles il semble que Dieu a voulu permettre ce
desastre.

43   Le premier signe est prins de
son extraordinaire clemence, vertu toute propre des predestinez,
comme au contraire la cruauté
singuliere marque de reprobatió.
Or si la souueraine bonté se plaist
tant à cette vertu, & s'il l'a donnee
remarquablement à ses plus gráds
amys, Moyse, Dauid & autres semblables, & luy promet particulier
salaire; & si IESVS CHRIST la
mesme clemence, la recommádee,
iusques à la mettre au rang des
huict beatitudes : & s'il l'auoit dó-
née à nostre Prince auec si large
mesure, qu'il l'auoit faict modelle
de douceur, cóment auroit il abá-
donné cette ame misericordieuse
au passage où elle auoit plus de besoin que iamais, d'estre recogneuë

1. signe
prins de
clemence.

Moyse tres
clement.
Nu.11. 13
Dauid.P
131.1.

Beatitute
Matth. 5

de sa clemence & misericorde. Le
second signe est tiré des merueilles
que Dieu a faictes en la personne
de ce Prince, l'ayant conserué des
son enfance, & le faisât viure pour
estre esleué à la Monarchie Fran-
çoise, & qui surpasse toutes les faueurs premieres, pour le retirer de
l'estat, & tenebres de l'heresie, & le
mettre au pourpris de la lumiere
de son Eglise. C'estoit donc pour le
sauuer, & non pour l'abandonner
à la fin de ses iours, & le laisser nau-
frager au port, & perdre au dernier article de sa vie. Le troisiesme
est dóné par les œuures qu'il a faictes pour icelle Eglise, pour la ré-
duction des errans, pour le bien de
de la Foy en tant de lieux de son
Royaume, où il a rémis l'exercice
de la Religion Catholique Apostolique & Romaine ; & cóme ces
œuures estoyent dons du Ciel, ain-

ſi meritoyent elles ſelon l'œcono-
mie de la iuſtice diuine, guerdõ en
uers Dieu, qui ne laiſſe rié à recognoiſtre, rié ſans recõpenſe; liberal
en donnant, liberal en coronant
ſes dons; donnant les talens, & re-
compenſant le bon traffic des ſeruiteurs qui les ont faict profiter.
Comment donc ſe pourroit il faire que Dieu ſe fut oublié de tous
ces ſeruices, le laiſſant perir au dernier peril, pour eſtre mis en oubly
eternel auec toutes ces œuures?

44   Le quatrieſme eſt les prieres *Le 4. ſigne*
qui ſe ſont faictes pour ſon ſalut *les priere.*
& proſperité en ſon viuant , pre-
mierement en la France par toutes
ſortes de gens Catholiques & bõs
ſubiects, qui ſont, Dieu mercy, en
bon nombre ; par les Eccleſiaſti-
ques, par les maiſons Religieuſes,
auec ieuſnes, veilles , macerations
de corps, & toutes les meilleures
                                    pieces

pieces de deuotion que l'on a peu
employer; & dehors le Royaume,
par vne infinie multitude de perfonnes tres-affectionnees à fa Majefté, encor qu'elles ne fuffent de
nation Françoife: En Italie, & nõ-
mément à Rome;en Alemagne,en
Poloigne , & par toute la Chreftienté; du Septentrion,aux côfins
de l'Europe , & de l'Afie;à Côftan-
tinople,&en Hierufalé;tout l'Vniuers de cette petite Compagnie efparfe par les Regions des mondes
vieux & nouueaux, a offert plufieurs milliers de Sacrifices , de
prieres , & de trauaux religieux
pour luy;le Iappon,la Chine,& les
Indes du Leuant, de Malaca, de
Goa;les Ifles Philippines, les Indes
du Ponant,le Brefil;le Mexique, le
Peru, les Ifles voifines , ont prié
pour luy,&toutes ont entédu le nõ
de Henry IV. Roy de France & de

Na

Nauarre, fondateur & infigne bié
facteur & protecteur de la Con-
pagnie de IESVS, & ten du les mains
au Ciel pour luy; & en tous les fuf-
dicts titres chafque Preftre a dict
neuf Meffes, & chafque frere offert
des prieres à proportion pour le falut de ce Prince tres-Chreftien, Pere de cet Ordre. En outre je fçay
qu'icy à Rome & ailleurs plufieurs
offroyent toutes les femaines des
particulieres deuotiõs à Dieu pour
fon Salut, qui n'eftoyent pas François; i'en nomme vn pour tous, qui
s'eft faict cognoiftre par fes efcrits
par toute la Chreftienté, Benoift
Pererius, Efpagnol de nation, qui
difoit toutes les femaines la Meffe
pour luy, & les autres ne difoyent
iamais Meffe fans le recommander
à la diuine Majefté: Ie mets en derniere lifte les prieres les plus pures,
& les premieres en credit, qui font

Le Pere
Benoift Pe
rerius.

celles

celles des Saincts immortels, & regnans au Ciel ; qui sans doute ont presenté leurs requestes pour son bien, à leur Roy & Seigneur.

46   Or qui ne croira qu'entre tant d'intercesseurs dedans & dehors la France, en la terre , & au ciel, ne se soyent trouuez plusieurs milliers de belles ames, qui ayent eu l'oreille fauorable & misericordieuse du Roy tout puissant , & tout bon, qui fait la volóté de ceux qui le craignent, affin d'impetrer misericorde de sa misericorde, pour le salut de ce bon Roy tant misericordieux enuers tous, tant zelé au bien de son Eglise, & salut des ames; tant fauorisé de ses graces, impetrer, dis-ie, vne bonne periode de vie mortelle, vne bonne fin de la course mortelle, vne saincte esmotion d'vn cœur contrit, en ce cœur nauré, au point de la mort,

à ce que l'ame partant de ce corps
& de ce monde, fit vn vol heureux
de la terre au ciel, de la mort à la
vie , du Royaume de France au
Royaume de Dieu? Seroit-il bien
poſsible que Dieu tout clement
& tout doux, la meſme clemence
& douceur, n'eut ouy la priere de
quelqu'vne de ces ames ſainctes?
pourroit-il bien aduenir qu'il eut
rejetté les requeſtes de ſes Saincts,
qui l'ont prié en leur particulier,&
en corps,au Sanctuere de ſon Egliſe, tant militante ça bas en terre,
que triomphante là ſus au Ciel;qui
l'en ont prié de tant plus ardem-
ment, que plus clerement il voyét
& preuóyent les neceſsitez & dangers de ce noſtre pelerinage mortel?Ie le crois ainſi,& ainſi la pieté
Chreſtienne le doit croire,Icy voſtre Majeſté excuſera ma liberté,s'il
luy plaiſt , & la Fráce auec elle pré-
dra

dra de bonne part que je die fran-
chement que je n'en doute point
en particulier du bien-heureux
Ignace de Loyola, en tant que Pa-
triot Nauarrois, mais principale-
ment comme estant tenu & obligé
à prier pour nostre Roy à raisõ des
grands benefices dont il auoit honoré la Compagnie, iadis commé-
cee à Paris par Ignace, & plantee
du depuis en tant de lieux de la
France , que nous voyons par la
faueur de ce Prince tres-benin
Ie n'en doute point encor de ce
grand Docteur des mondes cy deuant descouuers, le bien-heureux
François Xauier pour les mesmes
raisons. Moins encor en doute-je
de vous, ô glorieux Prince Sainct
Louys , iadis Monarque de cette
France, & grand ayeul de cettuy
nostre Héry. Ie ne doute point que
voyant au miroir de la face de la

su

ſupreme verité , où tout ſe peut
voir, le dernier danger de ce voſtre
Fleuron, ſelõ la reſolution du grãd
Dieu, de vouloir permettre qu'il
fut raui d'entre les mortels ; je ne
doute point que regardant voſtre
ville de Paris, & voyant en ce tri-
ſte Vendredy deux fois ſeptiéme
de May, voltiger au tour du carroſſe Royal, ce Leopard furieux, armé de fer & de rage, cherchant
voſtre petit, fils & deja hauſſant le
bras, pour luy planter la poincte
meurtriere au flanc, vous n'ayez
crié & ſupplié cette Majeſté patié-
te, ô Dieu! Mercy pour mon fils. O
Dieu ſouuerain, miſericordieux &
iuſte en tous vos iugemens ! puiſque vous permettez â ce parricide
donner ſur la vie du corps de ce
Prince, ma race, reſeruez la vie de
l'ame & donnez luy la lumiere &
la force de ſe voir, de vous voir, de

vous supplier, & frapper efficacement l'oreille de vostre misericorde, & sortir du monde auec le sauf conduit de vostre bonne grace.

47   Ha! grand sainct, à la mienne volonté, que vous eussiez impetré de ce Dieu, que vostre fils peust estre du tout reserué pour viure, & meriter encor sur la terre: que s'il falloit que quelqu'vn payast pour quelque faute de la Fráce, & mourust pour la France, que celuy qui escrit cecy, & qui vous inuoque tous les iours, eust peu estre digne de mourir & payer, & estre desguisé en quelque façon, & mis dás ce carosse, & substitué en la place de vostre fils, pour receuoir le coup de la mort, espandre le sang, & dóner ce qui luy reste de vie pour son Roy, pour son salut, & pour sa patrie: vous m'eussiez honoré d'vn bien-faict immortel, & ma vie employée

ployee pour vn Roy, & tel Roy, auroit esté terminée par vne periode
Royalement Royale; & ce carrosse
m'eust esté vn lict d'honneur, &
cette mort vne porte glorieuse au
sejour de la felicité. O Prince digne de viure tousiours! Comment,
en quel lieu, en quel temps espan-
dez vous le sang, & la vie! O Madame, où suis-je parlant du desastre de ce grand Prince! Ie suis hors
de moy, je ne suis point à Rome,
où je le lamente; ie suis à Paris, où
mon imagination, mon affection,
& mon affliction me transporte.
Ie suis en cette ruë desastree de la
Ferróniere; ie vois cet assassin parricide, ayant tiré ses coups, posé l'e-
scume de sa rage, estant ja saisi, làs
bien tard! Ie vois ce Carrosse doré
aux fleurs de Lis, tourné en vn cercueil sanglant, & là noblesse qui
estoit dedans deuisant, tátost auec

son Roy, & celle qui estoit dehors
à cheual, l'accompagnant, demy
morte d'estonnement. Ie vois tout
Paris esperdu au bruit de cette funeste nouuelle, & transporté d'v-
ne extreme liesse en vn extreme
dueil. Ie vois ce Monarque, Patron
de la douceur & vaillâce des Roys,
cruellement & miserablement at-
tainct, verser le sang & la vie, &
rougir ce char non triomphant,
de sa pourpre sacrée. Ie vois son
Royal visage blesmi de la palleur
de la mort, & ses yeux ouuers au
Ciel parlans à Dieu au lieu des leures, qui ne peuuent parler : Ie luy
parle & l'embrasse, ie luy baise les
Royales mains, ie crie, ie prie, ie
pleure, ie desire mourir auec luy:
I'implore le Ciel pour luy, O Dieu
tres-clement, faictes mercy de la
vie eternelle à cette ame toute
Royale, qui a faict reuiure la Foy

de

de voſtre Egliſe en tant de lieux,
qu'elle ſente maintenant le doux
fruict de la Croix de voſtre Fils,
puis qu'il a faict mettre l'Eſtan-
dard de la Croix au milieu de voz
ennemys, pour vous les rédre amis,
& ſeruiteurs: faictes luy miſericorde, à luy qui pardonnoit à tous.
Madame, ie reuiens à moy, & con-
clus ce quatriéme ſigne de bonne
eſperance, & dis auec autant d'aſ-
ſeurance, que dire ſe peut en choſes ſemblables, que Dieu aura ouy
la priere du Ciel, & de la terte, le
ſuppliant pour le ſalut de ce Prince, à ce qu'il ſoit decedé en la grace, & en l'eſtat des enfans de Dieu.
48   Le cinquiéme ſigne qui nous
doit faire bien croire & bien eſpe-
rer, conſiſte ez bons propos, que le
Roy faiſoit, nommément depuis
quelques iours, ce que ie ſçay par
ceux qui le peuuét ſauoir: Et le Pe-

Le 5. ſigne,
ſes bons
propos.

re Pierre Coton, tres-fidele seruiteur de cette Majesté, & tousiours
desireux de s'employer & mourir
pour elle, & sur tous affligé de ce
coup, en sçait beaucoup plus que
moy. Il desiroit, comme i'ay dit, de
corriger à bon escient les defauts
de l'Estat en son Royaume, & ac-
croistre en sa personne les ornemens spirituels dignes de sa per-
De son ar-
mée.
sóne. En ce que plusieurs ont prins
occasion de parler sur l'armee ia
faicte par luy, comme s'il eust voulu donner secours à l'Heretique au
preiudice de l'Eglise Catholique,
il auoit, non seulement bonne intention, mais bon moyé encor de
faire que tout tourneroit au bien
de la Foy, si l'Europe eut esté digne
de luy voir accomplir cette merueille : I'ay veu par les lettres qu'il
escriuit par deça, ce qu'il auoit des-
ja faict auec les Electeurs de l'Em-
pire,

pire , & ce qu'il pretendoit faire
pour l'Eglife de Dieu: Et perfonne
de ceux qui iugeoyent à la volee,
ne fçauoit les refforts du bon confeil & du cœur Royal de ce Prince
tres-Chreftien : Cependant il faifoit & attendoit la fin, & laiffoit
dire, fachant fort bien qu'il eft mal
aifé de bien faire, fans ouïr mal-di-
re,& que faire bié & endurer mef-
difance, c'eft vne noble combina-
tion d'action & Paffion Royale:
Ces bôs propos & bons defirs dô-
nez du Ciel,ont efté autant de dif-
pofitions pour le rendre capable
de la prouidence & mifericorde
diuine, en ce deftroict de la mort,
&le mefme Dieu,qui l'auoit difpo-
fé,luy aura dôné la grace,à laquelle
il le difpofoit.Le fixiéme figne font
les frefches & dernieres deuotions
voifines de fon iour dernier. Le 13.
de May , iour du facre de voftre

Majesté, & veille de cette funeste
mort, oüyant la Messe il respandit
force larmes, de quoy se print garde singulierement Monsieur le
Nonce Apostolique, & s'en rejouit
& enuoya homme expres à sa Majesté apres disner, comme le con-
gratulant de cette deuotion tres-
Chrestienne. Le mesme iour voyát

vne si grande multitude de monde assemblée, voicy, dit-il, qui semble le Iugement, si nostre Seigneur
deuoit venir au iourdhuy, bié pour
ceux qu'il troueroit prests. Au ma-

tin du iour qu'il fut tué, il tira trois
fois le rideau de son lict, priát Dieu
d'vne façon extraordinaire, & fit,
outre sesprieres acoustumees, oraison particuliere en son cabinet l'e-
space de demy heure, auec vn grád
sentiment de deuotió, comme s'il
deust partir bié tost de ce monde;
ce qu'vn personnage de conscien-

ce

ce & de foy, vit de ſes yeux, ſans
eſtre veu de luy, & l'a teſmoigné.
Dauentage ſortant du Louure,
pour faire le voyage où il fut bleſ-
ſé, il fit vn grád ſigne de Croix, cóme s'il ſe fut armé contre le peril
qu'il s'en alloit courir. Monſieur
D'Eſpernon, Móſieur de Montba-
zon, auec les autres Seigneurs qui
eſtoyent dans le Carroſſe, le virent
long temps les yeux fichez au ciel,
comme recourant à Dieu en ſon
cœur, & le priant auec les yeux du
corps comme il pouuoit, ayát per-
du la parolle du coup mortel. Ce
ſont autant de ſignes de la diſpoſition interieure de l'ame, pour l'a-
uoir rendu digne de la miſericorde de Dieu, en ce dernier paſſage.

49   Pour ſeptieſme & dernier ſigne, ie prens les merueilleux effects qui ont ſuiuy ſa mort, contre
le iugement humain & cours des

*Sortant du
Louure.*

*Signe ſe-
ptieſme,
effects aprés
ſa mort.*

choses humaines ; à sçauoir l'vniõ
des Princes & Seigneurs François à
cõspirer à la recognoissance & seruice du Roy successeur ; la reconci-
liation entre ceux qui estoyent
des-vnis ; la fidele declaration du
Roy procurée par Messeigneurs le
Chancelier & vostre Cõseil, & plusieurs Princes & Seigneurs de cette
Coronne , & faicte par ce tres - sage Parlement de Paris; la prompte
obeissáce de tous les Estats & Villes du Royaume , Catholiques &
autres. Ces effects sont autant de
merueilles aduenuës contre les esperances humaines , & plus encor
contre l'intention de Sathan, qui
pretendoit sans doute par ce coup
donner coup à l'Estat, & le mettre
sans dessus dessous ; & sa coniectu-
re estoit fort bien fondée sur les
machines de sa malice ; car estant
le chef raui de telle façon , & en
telle

relle faison, il eftoit vray fembla-
ble que tout le corps de l'eftat cõme priué de fa vie, branleroit à la
ruine, & à la diffipation des membres : Mais Dieu fçauoit ce qu'il
vouloit faire, & l'a faict en faueur
du defunct, & du fils fucceffeur de
fon throfne: argument qu'il a prins
fon ame en paix entre fes efleuz,
& ainfi a efté la mort de ce Prince
merueilleufe, comme toutes les
pieces de fa vie.

50 Dieu foit loüé, Madame, voftre
Majefté & la France ont matiere,
comme ie crois, de refpirer & pré-
dre l'air de quelque douce confolation, en tous ces fignes & occa-
fion de temperer l'aigreur du regret cõçeu fur la peur qui vous ef-
frayoit, & tous les gens d'honneur
en cette mort foudaine & impro-
ueuë Auec ce que deffus les cõdo-
leances de plufieurs peuuent con-
tribu

Les con-
leances

tribuer à mesme fin quelque aide de consolation à vostre Majesté, toute la Chrestienté deplore aussi tendremét la mort de nostre Prince comme elle en admiroit la vie: *nostre S.* nostre sainct Pere blesmit & pleura à la triste nouuelle, comme de la mort du fils aisné de l'Eglise, dont il est Pere & Pasteur; premier celebra la messe pour son ame, & fit faire les obseques auec pompe & oraison funebre à Sainct Pierre en l'assemblée du sacré College des Cardinaux, faisant l'Office *Monsei-* Monseigneur le Cardinal de la Roche-*ur le* focaud, & estant present Monsieur *rdinal* de Breues Ambassadeur de sa Ma-*la Ro-* jesté, & les gentils-hommes Fran-*focaud.* çois auec luy. Au mesme iour en *Monsieur* cette maison Professe du Iesus, on *Breues.* dict la Messe auec l'Office solemnel des trespassez; & en la mesme maison la Congregation de nostre

Dame

Dame compoſée des plus grands
Seigneurs de diuerſes nations , a
encor faict ſon dueil, notamment
la nobleſſe Françoiſe auec Meſ-
ſieurs d'Eſpernon , Monſieur le
Comte de Candale & Monſieur le
Marquis de la Vallette , qui n'ont
rien eſpargné en ce deuoir de funebre appareil, pour marquer leur
ſinguliere affection,conſacrée à la
glorieuſe memoire du defunct &
au ſeruice du Roy preſent leur bon
maiſtre dés ſon enfance.Meſſieurs
de S.Iean de Latran ont auſſi ploré
la mort de noſtre Prince leur bien
faicteur,& celebré l'Office pour ſó
ame,& faict Oraiſon funebre à la
loüange de ſes vertus. Et comme
icy à Rome,ainſi par toute la France, cette Compagnie a fait tous ſes
petits efforts à pleurer la perte có-
mune à tous,& particuliere à nous,
& à ſupplier la diuine miſericorde

Meſſieu
Deſpern

pour

pour l'ame de son grand bien facteur & Pere. Ces condoleances,
Madame , & communication de
tristesse, & seruices, peuuent d'autant diminuer le poix & la charge
de vostre dueil , & auec ce qui a
esté dict iusques icy, vous faire cõ-
former à la volonté diuine, qui a
permis cet accident aduenir , sans
au reste curieusement vouloir sa-
uoir les causes de telle permission.
Dieu auoit à la verité faict digne
ce Prince de viure plusieurs siecles,
& mourir autremét, mais puis qu'il
l'a permis partir de la terre en tel
temps, &en telle maniere, il ne faut
point espelucher par curieuses re-
cherches les iugemens de son con-
seil priué, qui sõt cachez & inscru-
tables ; mais les adorer comme sa-
ges & iustes, quoy qu'ils semblent
extrauagáts aux yeux des mottels.
Il voit toutes choses passees, pre-
sen

sentes, & futures ; & sait la façõ d'y
prouuoir. Et tout ce qu'il faict où
permet faire, c'est auec sagesse &
iustice, & à la fin pour sa gloire &
profit de ses bien-aimez. Quand il
permit que Cain tuast son frere, & *Les Iuste*
des lors à la file de tous les siecles *prouuez*
par perse-
apres suiuis, que tous les meschans *quutions.*
ayent persequuté les bons, & que
son Fils ait esté mis en Croix, que
les Saincts ayent esté donnez en
proye à la cruauté des Tirans, & à
la boucherie de mille & mille sup-
plices; toutes ces choses semployét
au iugemens des hommes, extra-
uagantes, & possible faisoyent dire à plusieurs, comme iadis aux
Payens, que la diuine Prouidence
s'estoit endormie là sus au Ciel, au
pauillon de sa felicité, ayant aban-
donné le soin des choses d'icy bas,
& les afferes des gens de bien, donnant la bride à pleines resnes à la
passion

passion de l'iniquité ; & toutesfois
cette prouidence & bonté infinie,
appareilloit à ses seruiteurs vn repos & gloire immortelle , par la
voye de leurs persequutions, tour-
mens & ignominies:Ce qui se voit
deja en partie , en la gloire qu'il
donne à ses Martyrs en son Eglise
militante,& se verra manifestemẽt
& à clairs rayons,au grand iour de
l'Eglise triomphante, quand les liures des consciences serõt ouuerts
& les iugemés de Dieu esclerez du
Soleil de sa grande iustice, qui cõ-
tera à tous le salere de leurs depor-
tements.

Causes de
la permis-
sion diuine
aux pe-
cheurs.

51   Or combien que les causes de
ces euenemens nous soyent lettres
closes,neantmoins l'Escriture nous
donne congé & voye d'en descou-
urir sans vice de curiosité,quelques
vnes pour l'instructiõ deshumains.

La premie
re la Iu-
stice.

LA PREMIERE est pour chastier
les

les fautes des Roys, & Princes par
les verges de fa Iuftice temporelle,
afin de les deliurer auec tel chafti-
ment paternel, de la peine eternelle: & quand il permet que les pecheurs continuent les pechez fans
en eftre punis en ce monde, comme il aduient communement aux
Princes Payens, & autres qui font
hors de l'Eglife, c'eft figne qu'il
les attend en l'autre pour les punir
eternellement. LA SECONDE eft
pour chaftier le peché despeuples,
qui poffible feront dignes d'eftre
priuez d'vn bon Prince, dequoy
Dieu menaçoit iadis fon peuple
fort fouuent, & accompliffoit fes
menaces, s'ils n'ē deuenoyēt fages.
La premiere caufe eft pour contenir les Roys en la crainte de Dieu,
dans les bornes de la vertu, iuftice
& modeftie, fe perfuadans que la
fouueraine Iuftie n'efpargne per-

La fecõde,
le chafti-
ment des
peuples.

sonne, & ne laisse rien impuni, ou
en ce monde, ou en l'autre, ou en
tous les deux : la seconde est pour
enseigner les peuples à bien faire,
& embrasser la pieté, affin qu'ils
soyent faicts dignes que Dieu leur
donne & cõserue leurs bons chefs,
qui les ayment & regissent en peres , & defendent en tout & par
tout en bons Monarques, comme
les pasteurs defendent leurs brebis. LA TROISIESME cause de cette
permission, est pour faire voir par
exemples illustres , la vanité des
choses mondaines, & combien sõt
fondez à faux, ceux qui y mettent
leur esperance & appuy. Et la prouidence diuine n'a failli en tous les
siecles d'en donner des remarqua-
bles exemples; i'en prens des deux
pl⁹ voisins. Le milieu du seziesme
siecle dernier passé, l'ã 1559.en dõna
vn en France, en la mort du Roy
Henry

Henry ſecond, tué au milieu des
ieux, triomphes, & magnificences
Royales. La fin du ſiecle quinzieſ-
me en fornit vn autre en Portugal,
l'an 1491. Quand Alfonſe fils de
Iean ſecond Roy de Portugal, aagé
de ſeize ans, Prince d'vne tresbelle
nature & expectation, eſpouſa Dame Iſabelle aïſnée de Ferdinand
Roy des Eſpagnes ; ſon doüaire
eſtoit le droict de ſucceſſion de
tous les Royaumes de ſon Pere. Les
nopces furent faictes auec vn mõ-
de de triomphes, ieux, tournois,
banquets & vne ſi grande gloire
d'habits, que iuſques aux ragaches,
& cuiſiniers eſtoyent habillez de
drap d'or & d'argent, n'eſtant le
ſatin & velours en aucune eſti-
me. Sept mois apres ce ieune Prince donnant la quarriere à ſon cheual au bord de la riuiere de Tajo
fut porté par terre & mortelle-

*In Genea-
logia regũ
Port.
Duart.
Nunnez.*

ment blefsé à la tefte , & mourut
fur vne paillaffe en vne cabane de
pefcheur , où à peine pouuoyent
demeurer trois perfonnes ; & le
Roy fon pere & la Royne fa mere
y accorurent foudain &furent prefens, & y virent en peu de temps
ces pompes infinies tournées en
larmes & lamentations indicibles,
& les efperances de leur enfant,de
fa ieuneffe , de fa vertu, de fes deffeins, enfeuelies & mifes dans vn
cercueil:ces reuers de fortune font
donnez de Dieu pour apprendre
les mortels de ne fe fier au temps,
ny aux prefens d'iceluy, mais de
chercher parmi l'inconftance du
temps, la confiftence de l'eternité.
Le commencement de ce noftre
fiecle nous fournit cettuy cy, qui
a donné tant plus d'eftonne-
ment,que le mal à efté inefperé &
foudain. Qui eut dict que noftre
Prince

Prince victorieux de tant de ha-
zards de guerre, deut estre vaincu
de cettuy cy en paix? Qui eust osé
penser au matin de ce iour de malheur, quatorziesme May, que ces
magnificéces Royales, ces resiouïs-
sances extraordinaires, ces triomphes de haut appareil, & toutes
ces pompes d'habits, d'armes, de
gens, de ieux, & de tout le train
d'vn sacre Royal, & d'vne entrée
Royale, non seulement d'eussent
finir au soir du mesme iour, comme animans efimeres, mais encor
estre tournez au quarantiesme en
pompes funebres, & portées en la
voute Royale de sainct Denys, &
& abysmées en la tombe d'vn extreme, & inesperé dueil? Et si vostre
Majesté poussée du heurt de ce vét
contraire, n'eust esté fortifiée des
armes de la grace diuine, n'estoit il
pas bastant, pour l'emporter de ce

monde, & l'enfeuelir dans vn nau-
frage d'extreme d'eſtreſſe ? car ſi
plufieurs ſont iadis morts par le
coup d'vne grande & ineſperée
ioye, comme Chilom Lacedemo-
nié embraſſant ſon fils victorieux,
& Diagoras Rhodien pour ſem-
blable cas ; combien plus facile-
ment peut eſtre eſteincte la vie par
vne extreme & ſoudaine triſteſſe
plus contraire à la vie que la ioye?
c'eſt cetre grace qui a donné à voſtre Majeſté la vertu non ſeulemét
de tenir bon contre la ſecouſſe de
cette grande aduerſité, mais encor
de prendre d'vn cœur magnanime
& conſtant, les reſnes du gouuernement , & prouuoir à la manu-
tention de l'eſtat, & ſceptre François; vous enſeignant au reſte par
vne experience eſclattante , vne
belle leçon, qui peut ſeruir à tous
les humains, pour faire apprehen-
der

der viuement la foiblesse, la brief-
ueté, & la vanité des ieux, honneurs,& passetemps de ce monde;
& chercher à grands pas, & à bonnes iournées les thresors & la gloire des biens eternels : leçon don-
née long temps deuant par le Roy
Salomon, disant apres auoir tou- *Salomon.*
ché au doigt la folie du monde,& *Vanitas va-*
pese le globe de cet vniuers à la ba- *nitatum*
lance de la vraye sagesse : VANITE' *Eccles.1.1.*
des vanitez, & toute chose VANITE':
Leçon confirmée par mille & mille Roys decedez en grande varie-
té de fortunes. Mais quoy? l'esclat
de ces experiéces aueugle les mortels,au lieu de les illuminer ; & ne
voulans voir par les yeux,ils voyét
par les talons;ils voyent à la fin par
les tenebres de la mort , ce qu'ils
deuoyent voir par la lumiere de la
science de Dieu ; & aprennent à
gros frais , que tout meurt en ce

monde mortel, & qu'ils n'ont rien emporté de cette terre , finon le bien ou le mal qu'ils y ont faict.

52   La 4. caufe de la permiffion de ces morts foudaines & changemés inefperez , contient vne autre leçõ merueilleufemét importáte, enfeignát de fe tenir preft à la mort à tout momét. Le Sauueur du móde, fupremé fageffe , la fouuent repetee en fon efcole: VEILLEZ, difoit il, à fes difciples, & le dict tous les iours aux mortels, VEILLEZ *car vous ne fçauez l'heure que le fils dé l'homme* VIENDRA. Il parle en bon & fage Capitaine, exhortant fes foldas, & leur dict, VEILLEZ, & ne vous endormez point en fentinelle; car la mort vous y furprédra; elle va par tout, foit ouuertement, foit en cachette, & ne ceffe d'aller faifant la róde fur les murailles, & aux corps de garde, & par tout; elle entre par tout

tout, & n'y a forterefle, ny porte,
qui luy puifle fermer l'êntree ; elle
enfonce tout auec la poincte de
fon dard & la dureté de fes os;elle
frappe & bouleuerfe d'vn pied
egal les grandes tours des Roys, &
les petites cabanes des pauures. Et
fe plaift à furprendre fes gens, &
brandir fon efpieu dans le fein de
ceux qui font endormis, & quand
ils y penfent le moins;& ne fe fou-
cie des gardes,ny des gendarmes.
On le void icy manifeftement, où
elle a ofé s'approchcr de ce Caroffe
Royal portât le plus vaillant Monarque du monde, accompagné
de fix gráds & vaillans Seigneurs,
entouré de gendarmes & cheua-
ualiers: icy elle voltigeoit inuifi-
ble,& audacieufe parmy les trou-
pes & les armes,& fit fon coup â la
fin;& bien pour vous,ô Prince tres
Chreftien,de vous eftre recommá-

I 5

dé extraordinairement au matin
de ce iour, & auoir imploré de deuotion singuliere l'aide & sauue-
garde de celuy , qui vous deuoit
laisser voirement à la mercy de la
mort du corps, à la charge de vous
secourir contre ses trahisons, à ce
qu'elle ne precipitast vostre ame à
vne autre mort, vous surprenant
tout à coup, & vous trenchant l'esperance de salut. Cette preparatió
matiniere vous seruit d'armure, à
ce que vo⁹ ne fussiez du tout prins
à l'improueu, au choc & à la charge de cette desastreuse & derniere
ferée. Qui sera donc si peu curieux
de son salut, de ne veiller pour se
tenir prest contre la mort, qui viét
à toute heure, & faict ses rencontres sans heure, sans propos, sans
cause preallable & sans dire gare?
aussi bien en la santé, qu'en la maladie, au danger; qu'en la seureté,

n'y

n'y ayant rien asseuré pour elle?
Tarquinius Priscus estoit sain &
frais, quand vn petit os de poisson
l'estrangla; Fabius Senateur estoit
sain comme Priscus, vn petit poil
prins auec du laict luy couppa le
fil de la vie; vne belette mordit
Aristides, & le rendit mort en vn
petit moment ; le pere de Iules
Cæsar se leuoit tout gaillàrd , &
rendit l'ame en prenant ses chauf-
ses; vn autre Cæsar ayat heurté du
pied au sueil de la porte,fut heurté
de la mort, & rendit l'esprit à l'in-
stát;Quintus Æmilius, apres auoir
vertueusement haragué au Senat,
perdit la parole &la vie;l'Ambassa
deur des Rhodiés demádant à son
Page qu'elle heure il estoit,fut sur-
prins de sa derniere heure.En sóme
la mort entre par mille endroicts
chez nous, par les fenestres de la
maison, par la caue , par les lar-
miers

miers, par les toicts , & par tout
& fi elle n'a intelligence dedans la
Ville ou maifon, auec les mauuai-
fes humeurs du corps, auec maladies, les catarres, les pleurefies, &
autres caufes internes, feruantes à
fes deffeins; elle met les petars par
dehors, enfonce les portes de la
vie; s'aide de la violence , du feu,
de l'eau , de la pefte, des beftes,&
des hommes,du fer, de la poifon,
& de tout pour ofter la vie aux hõ-
mes. O hommes,iufques à quand
aurez vous les yeux de voftre en-
tendement fillez, & quand com-
mencerez vous à eftre hommes, &
prouuoir en hommes , aux affaires
de l'eternité? C'eft l'inftruction &
profit que Dieu donne par tels ac-
cidens, qu'il permet aduenir. Les
autres caufes de telle permiffion,fe
verront au grand Iour, où toutes
chofes,comme i'ay dict, feront ef-
clai

clairées aux flambeaux celestes du tribunal de la souueraine iustice, & tádis qu'elles nous sont cachées, c'est à nous de soubmettre nostre iugement au iugement de Dieu, & admirer en humilité ce que nous ne pouuons entendre, & faire profit de nostre ignorance.

53 REste la cinquiesme & derniere partie de cette consolation, qui se doit prendre sur la perte que la France a faicte auec voztre Majesté en la mort du Roy, perte plus grande que si toute la France eust esté perdue : car demeurant nostre Prince Henry sain & sauue, il la pourroit recouurer, comme il l'auoit cy deuant retirée de ses ruines, & remis sur pied le grád edifice de cet Estat: Mais toute la France sauue ne le sçauroit tirer de la tombe, & le remettre en vie. C'est le faict du Tout-puissant.

Or

Repàr. de la p faicte e mort d Roy.

Or comme la perte eft admirable
& indicible, ainfi porte elle quand
& foy la caufe d'vn extreme dueil,
& doit auoir fa confolation à part.
Il y a deux moyés de fe côfoler en
la difgrace d'vne perte aduenuë;
l'vn eft de la porter patiemment,
l'autre de la reparer. Le premier eft
le commun miel & remede à toutes douleurs & maux, & du tout
neceffaire; le fecond eft plus diffi-
cile, mais il eft auffi le meilleur,
par ce que non feulement il
donne haleine & courage à la patience, mais encor efface la memoire du mal paffé,qui eft le fruict
d'vne entiere confolation. Iob fe
confola vn lôg temps en fouffrant
patiemment, mais quad fes dom-
mages furent reparez,auec le gain
& recompenfe rendue à double
mefure, fa côfolatiô fut accomplie
& parfaicte,fa trifteffe s'efuanoüit

du

du tout, & ſa patience fut corónee.
Il n’eſt ia beſoin de fere vn long
diſcours à voſtre Majeſte, pour luy
perſuader qu’il faut porter patiemment le mal que Dieu nous enuoye , ou permet nous aduenir:
vous eſtes Dame Chreſtienne, &
inſtruicte en l’eſcole du Sauueur,
qui donne aduis & exemple à tous
ſes ſeruiteurs & enfans, de porter
chaſcun ſa Croix, & endurer patiemment les tribulations & miſe-
res de cette vie ; & pour enſeigne- *Aux Ro*
ment particulier des Roys & Roy. *& Princeʃ*
nes, des Princes & Princeſſes, il a
voulu en ſa Paſſion auoir le chef
chargé d’vne Coronne d’eſpines,
ſes mains garnies d’vn ſceptre de
roſeau, & ſon corps affublé d’vne
robbe Royale de riſee , pour ap- *La Coro*
prendre aux grands Monarques & *ne d’eʃ*
Potentats, que le diademe leur eſt *nes.*
vn rond tiſſu de perpetuelles & pi-
quan

quantes angoisses, leur sceptre vn baston fresle, & plein de vent, & leur pourpre vne mocquerie, s'ils ne sont armez à suffisance pour soustenir vaillamment les difficultez de la Royauté : & partant qu'il leur faut auoir la teste fortifiee de sagesse ; l'ame couuerte de belles vertus, comme habits Royaux, & la main bien apprise à faire grands exploicts, & tenir ferme le sceptre par proüesses ; & comme ils sont les plus grands en honneurs, ils fassent à mesure Royale, prouision de plus grande patience, comme deuât plus souffrir, que les persónes vulgaires. Ie m'asseure, Madame, que vostre Majesté a son ame armee de cette consideration, & vertu ; & comme elle est la plus grande Dame de la Chrestienté, elle a le courage de beaucoup endurer : & partant ie ne fais plus long ce

dis

discours , pour venir au second
moyen de consolation sur le regret de la perte faitte en la personne de nostre Roy, & trouuer quelque reparation d'icelle.

54   De reparer cette perte d'vne
egale matiere & facture , il faudroit que ce grand Roy fut tiré du
sepulchre, remis en vie, & redon-
né à sõ peuple pour regner encor,
mais cela ne se peut faire par voyes
humaines, & Dieu n'a pas coustume de souuent leuer la main à
faire ces miracles;de maniere qu'il
faut venir aux moyens ordinaires,
lesquels ce Dieu nous apprend par
les loix diuines , & humaines. En
son Eglise pour reparer les pertes
des personnes,il en substitue d'autres : ainsi apres la mort de Ioseph
en Ægypte, il enuoya Moyse ; &
apres Moyse,Iosué,pour le secours
& conduicte des Hebrieux: ainsi

*Perte irre-
parable, la
mort du
Roy.*

*Moyens
de reparer.*

K

en la nature pour reparer la mort
du pere, il substitue l'enfant ; pour
reparer la mort des animans, des
plantes & autres creatures, il continue la perpetuelle file de choses
nouuelles, qui ǝrmplissent le de-
faut des vieilles qui sont ja passées.
L'on dit de singulier que l'oiseau
Phœnix, qui n'est iamais qu'vn, se
repare de la *cendrée* de son corps
bruslé en vn feu composé de bois
odoriferans, desquels il faict par
instinct naturel vn petit bucher,
qui luy sert de sepulchre, & de lict,
pour s'éscuelir, & faire ses couches,
& se resusciter ; laissant en ses cendres vn petit germe, qui peu à peu
prend vie, prend corps & forme, &
deuiét son pere, & est rendu Phœ-
nix, comme son pere.

55 Madame, le defunct Roy Phœ-
nix des Roys de nostre temps, a
laissé le premier germe Royal non

de

*Le Phœ-nix. Plin.
.12.c.14.
S.Ambr.
hexam.
l.5.c.23.*
La cen-drée.

Le Phœ-nix des Roys de no-stre siecle.

de ſes cendres, mais de ſon ſang, de
ſa vie, & de la voſtre, pleine de
bonnes odeurs de vertu, vn Dauphin en la premiere annee de vos
Royales nopces, & premier fruict
de la couche des fleurs de lis. Il eſt
en voſtre puiſſance auec la grace
de Dieu, de faire que ce germe deuienne vn Phœnix, cõme ſon tres-
honoré Pere; deuienne ſon grand
biſayeul ſainct Louys, cõme il en
porte le nom, & ſoit le Phœnix auſſi de ſon temps entre les Roys : &
parce moyen la perte faicte en la
mort de noſtre bõ Roy, ſera reparée; & ſemble à voir, Madame, que
vous ayant mis vn Roy & vn
Royaume en main, pour ſaincte-
ment former l'vn, & ſagement re-
gir l'autre, il offre à voſtre Majeſté vne occaſion de luy faire gaigner vne Coronne plus belle infi-
niement que la Coronne de Fran-

K 2

ce, car en bien dreſſant à la vertu
& au ſceptre, ce Roy voſtre tres-
honoré fils , & tenant en Royne
tres-Chreſtienne le timon de cette
regence, voſtre Majeſté s'acquiert
en terre entre les mortels , vn los
qui vaut mieux que le diademe
des plus grands Roys, & enuoye
au Ciel les eſtoffes d'vne tres-belle
& tres riche Coronne de la gloire
immortelle, entre les immortels.

Voſtre Majeſté ſe ſouuient de la
Royne Blanche, & de ſon fils, & ſe
peut conſoler en la ſemblance, &
en l'eſperance de ſa fortune : elle
fut laiſsée vefue au commencemét
d'vn ſiecle, qui eſtoit le trezieſme,
choiſie Regente de France , ayant
ſon aiſné Louys Neufuieſme aagé
de douze ans, duquel elle a faict
auec l'aide de Dieu vn S. Louys: le
ſort de toutes ſes conditions , &
l'eſperance du bon euenement,

con

conuiennent à voſtre Majeſté, elle
ſe trouue veſue d'vn grand Roy,
au commencement d'vn ſiecle, qui
eſt ce noſtre dixſeptieſme, Regéte
en France, & ayant vn aiſné Louys
treſieſme aagé de neuf ans, qu'elle
doit faire vn ſainct Louys, & l'en-
fanter ſpirituellement à Dieu, cóme elle l'a enfanté corporellemét à
la Fráce. A la mienne volonté, Madame, que ie fuſſe Orateur ſi ag-
greable à l'oreille & au cœur de ce
Dieu qui vous l'a donné , que ie
peuſſe impetrer de luy pour voſtre
Majeſté l'aſſiſtence de toutes les
benedictiós neceſſaires à ce diuin
effect. Ie la ſupplieray neantmoins
tel que ie ſuis, ioignant mes prieres auec celles des gens de bien,
qui ſont, Dieu mercy, en bó nombre en la France, & autres viuans
hors de France , qui prient pour
voſtre Majeſté, & les vns & les au-

tres font meilleurs que moy, & feray, comme i'efpere, exaucé, non
par mon merite, mais par leur credit, comme par droict de compagnie & auec ce; deuoir de prieres,
mettray vn moyen general tiré du
liure de Dieu, duquel s'aida heureufement cette ancienne Royne,
pour fon fils Louys; & ce fils pour
l'inftruction de fon fucceffeur, &
voftre Majefté s'en pourra auffi
heureufement aider aux mefmes
fins pour le bien du Roy, & de cette Coronne.

56   Ce moyen eft d'inftruire ce
Royal Fleuró en l'amour & crainte de Dieu, & luy grauer dedans
l'ame, vne haine immortelle du
peché, grand & petit, mortel & ve-
niel, comme eftant chofe tres-baf-
fe & tres-indigne d'vne perfonne
Royale. Chafque Chreftien doit
auoir cette qualité en tant que
Chre

Chreſtien, parce qu'en ce titre il
paſſe les autres hommes en dignité, & en eſt de tant plus obligé d'aimer & ſeruir Dieu ; mais principalemét les Roys & potentats Chreſtiens , & ſur tous les Roys tres-
Chreſtiens , d'autant que, comme
ils ſont ſpeciales images de Dieu,
auſſi doiuent ils auoir l'ame belle,
releuee, & magnanime ; & eſtre
plus vnis à ſa Majeſté par amour,
& plus eſloignez du vice par haine.
Or comme en la perſóne des Roys
& Princes tout eſt grand ; auſſi les
vertus,& les fautes,ne peuuét eſtre
petites ; s'ils font bien ils meritent
doublement,ſçauoir eſt, en la ſub-
ſtáce de la bóne œuure, & apres en
l'edification qu'ils en donnent aux
autres,& leur bien ſe dilate &mul-
tiplie,en autát de gés qui le ſçauét:
de meſmes s'il font mal , leur peché les auilit eux meſmes, & perd

leurs fubiects, & fe rend aucunement infini, donnant à tous vn
exemple preignant & vne grande
hardieffe à mal faire ; parce que
chafcun prend droict de l'action
du Prince, de faire ce qu'il faict, s'il
peut ; & tient pour chofe honorable, de l'imiter en fon œuure, tant
foit elle abfurde. Les courtifans de
Denys le Tyran, faignoyét d'auoir
la veüe courte, s'entreheurtoyét, &
grattoyent importunément, con-
trefaisás leur Prince qui ne voyoit
gueres, & eftoit galleux. Si le Prince
eft vaillant, s'il eft deuot, chafcun
le veut eftre, & s'il eft voluptueux,
la volupté eft eftimée vertu par les
autres. Les Roys font les Soleils &
les aftres de la terre; ils doyuét dóc
eftre tout lumiere, & en luifant faire couler les influances & clartez
de leur bonne vie aux mortels; s'ils
font autrement & font vicieux ce
font

sont astres malins , & degenerent
de leur noble & celeste nature. S'ils
ont l'amour & crainte de Dieu , ils
sont aymez des hommes & ne craignent personne : *Qui crqint Dieu,*
dict le Sage, *ne s'effraye point, & ne
tremble point, parce que Dieu est son esperance* : S'ils sont vitieux , ils sont
mesprisez, & craignent toute chose. Pour toutes ces raisons cete gráde Royne Blanche disoit qu'elle
aymeroit mieux entendre que son
fils fut mort, que luy voir commettre vn seul peché mortel; & ce bon
Prince auoit si fort graué en son
ame cet enseignement, qu'il eust
mieux aymé mourir de cét morts,
que d'offenser Dieu mortellement
vne fois; & en laissa la memoire à
son fils, cóme il l'auoit apprins de
sa mere, & prattiqué en sa vie.

57   Ayant le Prince l'amour, & la
crainte de Dieu plátee en son ame,

*Qui timet
Deum, non
trepidabit
Eccli. 3 4. 6.*

K   5

il a le fondemét de l'edifice Royal,
& la femence de toutes les qualitez
neceffaires pour bien regner, feruát
Dieu & cherchant fa gloire & le
bien de fes fubiects : il a la fageffe
pour cognoiftre le bien, la docilité
pour l'embraffer : la iuftice pour
faire rendre fon droict à chafcun,
la vaillance pour fe deffendre. Il a
la deuotion aux faincts exercices
& offices de Religion ; le zele de
l'honneur de Dieu, & du falut de
fon peuple : il aime & refpecte les
gens de bien, & eft la terreur des
mefchans; fur tout il honore celuy
qui tient la place de IESVS-CHRIST
en fon Eglife, & refpecte, comme
fils aifné d'icelle, le Siege qu'il tiét:
& c'eft en cecy où ce Sainct, & fes
fucceffeurs fe font marquéz emi-
nens fur tous les Monarques Chreftiens; & ont en cela &par cela merité le titre de tres-Chreftien, & de

fils

fils aisné de l'Eglife; les plus belles
pierres, & les plus precieufes, qui
luifent en leur Coronne, & comme
ils ont efté foigneux de maintenir
& accroiftre l'Eftat & Royaume de
Dieu, qui eft fon Eglife, auffi ont
ils efté affiftez de fa particuliere
prouidence en l'Eftat de leur Monarchie, maintenu en pied depuis
treze cens ans ou tant, & amplifié
de plufieurs graces fpirituelles, &
temporelles parmy les troubles &
bourrafques de guerre, & contre
vne infinité de tempeftes d[e] plufieurs fiecles, nómément de ce dernier le plus orageux de tous, à caufe des vents & flots heretiques. Sur
le mefme fondement eft appuyé
l'amour & refpect des fubiects enuers le Roy; car luy aymant & crai-
gnant Dieu, Dieu le rend apres ay-
mable, & refpectable à fon peuple;
fort & magnanime és affaires &

victorieux aux difficultez : ce qui
se monstra par l'experience de pl⁹
de quarante quatre ans que ce S.
Prince regna, auquel temps non
seulement il demesla le Royaume
de tous ses embarrassemens de fa-
ctions, & rebellions domestiques,
qui furent en bon nombre, & assez
grandes, mais encor alla auec dix-
huict cens vaisseaux, attaquer les
ennemis de la foy outre mer ; &
laissa en la Palestine, en l'Ægypte,
& en l'Afrique vne si honorable
memoire de sa pieté & vaillance,
qu'il s'en parlera à iamais auec respect & admiration des Roys de
France, & du nom François en ces
plages là:&, qui est à noter, faisant
ces guerres, & ayát esté prisonnier
& faict infinies despenses, iamais
il ne foula son peuple, ains deliura
de ses propres deniers la Noblesse
prisonniere, & plusieurs Chrestiés
escla

esclaues. Ces vertus luy ont gaigné
le titre de Sainct, & par icelles vostre Majesté fera son fils Sainct,
auec l'assistence de celuy qui donne les vertus, & faict les saincts; la
main duquel est toute puissante,
comme elle estoit alors, pour faire
d'aufsi grádes merueilles. Et ainsi,
Madame, la perte d'vn Henry sera
reparée par vn nouuel Henry , &
par vn nouueau sainct Louys, & se
dira de Louys treziesme, ce que dit
l'Escriture du vray Enfant: *Son pere* *Pater eius*
est mort, comme s'il n'estoit pas mort, car *mortu⁹ est.*
il a laissé son semblable. Et cette Mo- *Eccli.30.4.*
narchie tres-Chrestienne demeu-
rera droicte & fleurissante par la
vertu de son chef, semblable à celuy qui nous a esté raui , & par la
presence & integrité de ses membres, qui font demeurez les mes-
mes qu'ils estoyent, Messieurs du *L'Eglise.*
Clergé, Prelats, Docteurs, & Maisons

fons Religieufes, pour le fpirituel; Meffieurs les Princes du Sang, & la Nobleffe, pour eftre les bras du corps; Meffieurs de la Iuftice, pour foubftenir l'edifice de l'Eftat, comme fortes &honorables colomnes d'iceluy, & tous confpireront auec leur chef, au bien de tout le corps, à l'aduâcement du Royaume pour le falut du peuple , à la gloire de Dieu, comme ils ont tresbien commancé.

58   Et n'ayez peur, Madame, de l'enfance du Roy, Dieu fe plaift d'affifter fingulierement tel aage, & y monftrer les merueilles de fa vertu, comme il fit au glorieux S. Louys, & au grand Salomon, tous deux ayant cōmencé d'eftre Roys à douze ans;comme il fit à Ioas,qui cōmença de tenir sō lict de iuftice à fept ans. Et Dieu donne quelquefois des fentimens extraordinaires

&

& miraculeux, aux amys & aux ennemys de tels Roys, par leur seule
presence. Les Macedoniens iadis
porterent leur Roy, petit enfant
dans le berceau au frôt de l'armee,
qu'ils auoyent dressee contre les
Illiriens insolens de leur forces,
dont les soldats furent si animez, &
les ennemys si effrayez, que la victoire demeura aux Macedoniens,
en faueur de l'enface que l'orgueil
mesprisoit. Et partant, Madame,
vostre Majesté a occasion de tout
poinct, de respirer en son aduersi-
té, d'esperer en sa perte, & se consoler en son dueil, & toute la France auec elle. Respirez donc, ô Royne tres-Chrestienne, & arrestez le
cours de vos pleurs & sanglots : il
est besoin de reprédre forces, pour
retirer profit de sa perte ; esperez,
puisque la diuine prouidence vous
a donné vn surgeó Royal, qui doit

Les Ma-
cedoniens.
Iustin. l. 7.

Acue

deuenir vn grand arbre, pour tenir
la place de celuy qui a esté transf-
planté de la terre au Ciel : arrousez
le seulement des eaux viues de pieté & de sagesse, qui font produire
les fruicts de vie : Prenez soulas en
vostre affliction, & que la ioye suc-
cede à la tristesse, veu que le Ciel
se monstre serain, & porte vn nouuel astre qui fera le iour au coucher de son deuancier : faictes le à
la bonne heure, ô Roy tres Chrestien, ô petit grand Louys, croissez
hardimét & surgissez sur l'horison
de la France, par les degrez de voz
ans & beaux ascendans de vos
Royales vertus; & dónez la lumiere, & l'influance d'vn sceptre tres-
Chrestien, d'vne Royale main de
iustice, sur vos subiects; soyez beni
de toutes les benedictions celestes
& terrestres, qui furent iamais dó-
nees aux grands Roys; soyez vn

Louys

Au Roy
Louys 13.

Louys neufuiéme, vn Henry quatriéme;ains passez l'vn & l'autre en
perfectió, ils n'en seront ia marris:
soyez vn treze, plus que le neuf,
plus que le quatre ; & comprenant
tous les deux ensemble, faictes vn
treziéme accompli.

59   Et toy, ô France, respire, espere; & meine ioye auec tous les mé-
bres dont tu es composee:ton Roy
t'est rendu, & viura immortel,non
seulemét en la memoire des mortels, mais encor en la personne de
son treshonoré Fils,viue image de
ses Royales qualitez.Respire aussi,
ô petite Cópagnie, si tu peux auec
la France, espere & prens courage
& patience en ta grande perte,en-
cor que tes aduersaires ne te vueil-
lent laisser respirer, & facent tarir,
tant qu'ils peuuent, les sources de
tes esperances, & s'efforcent de te
faire secher sur tes pieds. A peine

A la Frã-
ce.

L

ton Roy & ton pere auoit quitté
la vie, lors que tu estois en dueil
& lamentation,& en deuoir d'honorer par seruices &offices de pieté, le precieux depost de son cœur,
& que tu auois plus de besoin de
soulas , quand ils t'assaillirent &
frapperent de tous costez,& te fe-
rirent de vingt-quatre coups de
calomnie & mesdisance mortelle,
plus que Iules Cæsar ne reçeut de
playes en son corps,qui ne furent
que vingt-deux:&de to⁹ ces coups
l'vn a esté enormement cruel, &
t'a donné à l'oreille du cœur , &
effrayé sur tous les autres,lors que
la calomnie a voulu asperger ta
robbe du sang de ton pere, & te
faire criminelle de sa mort ; c'est
lors qu'elle est montée en chaire
sans front, sans yeux,sans conscièce , & sans leures , n'ayant que les
dents &les os,representát vn sque-
letos

letos de dragon , vn monſtre
hydeux, & a preſché que tu auois
compoſé vn liure, qui enſeigne de
tuer les Roys, & que par la lecture
d'iceluy, auoit eſté induict le parricide à faire ſon funeſte coup. Ah!
tenebrions auernaux, que dictes
vous? oſez vous bien aduancer ſi
horribles menſonges en la chaire
de verité? ignorez vous que ce mal
heureux eſtant interrogé nya d'a-
uoir leu iamais ce liure dont eſt
queſtion? ignorez vous qu'il eſtoit
auſsi ignorant que meſchant , &
qu'il ne l'eut ſçeu entendre encor
qu'il l'euſt leu? & que quand il l'euſt
entendu, le liure ne dict pas ce que
vo⁹ luy auez voulu faire dire: mais
ne ſçauez vous pas que ce ne ſont
pas les liures, ny la doctrine des Ieſuites, qui enſeignét ces impietez,
mais bien les anciens Heretiques,
condamnez il y a deux cens ans

*La Facu[lté]
de Paris
condam[ne]
les hereſ[ies]
ſuſcitées
[con]tre la p[er-]
ſonne des
Roys.
In Co[nc.]
Cõſt. ſeſſ*

L 2

par les sacrez Cōciles, par la sacrée Faculté de Paris, iadis, & de fraî-che memoire ces iours passez? here-sie renouuellée par Caluin & Beze & par leurs supposts? Cōbatuë par les Docteurs, voire de cette Com-pagnie. N'auez vous pas de honte? ne rougissez vous pas en voftre conscièce, si vous en auez, de souil-ler ainsi l'honneur des chaires Ca-tholiques, de l'ordure de ces calō-nies heretiques? Madame, ie ne me veux amuser à parer à ces coups, & rompre le bec à ces oyseaux no-cturnes; voftre Majefté, Dieu mer-cy, auec la fageffe de fon Confeil, a foudé toutes les playes faictes par eux à noftre reputation; & cette sa-ge Cour n'ayāt voulu ouïr la voix des calomniateurs, a laiffé tout le corps de cette Compagnie en la poffeffion de fon innocence, & bonne renommée, n'eftimant au refte

reſte, que ce qui eſt dict des tyrás,
touche la perſonne des Roys, meſmes des Roys tres-Chreſtiés. Ioinct
que pour quelques meſdiſans de
peu de credit, Dieu nous a donné
tous les gens de bien pour defen-
ſeurs, & pluſieurs nobles Prelats
eminents en vertu & ſçauoir, qui
ont ſouſtenu noſtre droict: Monſieur de Paris, qui par parole & par
eſcrit public a deſcrié & decredi-
té les faux bruicts, & fauſſes mon-
noyes de la calomnie ; Monſieur
d'Angers, & Monſieur d'Aire, qui
en leurs oraiſons funebres pro-
noncées aux obſeques du Roy en
l'Egliſe de noſtre Dame de Paris, & en celle de ſainct Denys,
ont defendu l'innocéce de noſtre
Ordre par les armes de verité, &
de leur zele, pieté & docte eloquence: Et Meſſeigneurs les Cardinaux de Ioyeuſe, de Gondi, de

Sourdis,&du Perron,qui nous ont
auffi paternellemét protegez auec
voftre Majefté.Dieu leur rende la
recompenfe de ce bien faict & des
autres à centuplée mefure.Refpire
donc encor toy,ô petite Compagnie; fers Dieu & ton Roy auec
toute fidelité, fers le public fans
efpargne,fais bien fans ceffe,&laif-
fe mal dire aux mefdisás,& croüail
ler les Corbeaux;vis & trauaille de
telle vertu,que ceux qui voudront
mefdire de toy, n'ayent moyen de
dire verité ; & comporte toy de
telle forte, que leurs mefdifances
ne foyent que calomnies:ce feront
à la fin autant de pierres precieufes pour la Coronne de ta patiéce.
Et vous,ô ame Royale,qui nous
ayant fi paternellement protegez,
auez quitté la terre pluftoft que la
France ne penfoit, pluftoft qu'elle
ne craignoit, pluftoft qu'elle auec

Au Roy
defunct.

nous

nous n'euſſions voulu, viuez au
ciel eternellement glorieuſe dans
le ſein de la felicité.Paris vous a la-
menté,toutes voz Villes, toute la
France, toute l'Europe vous ont
regretté,pleuré , & gemi ; vous re-
grettent,vous pleurent,& vous ge-
miſſent encores ; ſans toutesfois
vous enuier voſtre repos eternel,
puiſque c'eſt le bõ plaiſir de celuy
qui ne veut rien qui ne ſoit ſainct
& iuſte:vn de leurs repos ſera d'a-
dorer ſon conſeil eternel , & d'honorer voſtre memoire eternelle;
& cette Compagnie la plus obli-
gee de toutes les familles Religieuſes à voſtre nom, & la plus affligee
de toutes,de voſtre abſence,ſe ſou-
uiendra eternellement de l'obli-
gation de voſtre amitié , vous ſer-
uira en voſtre race, honorera voz
os & le ſacré depoſt de voſtre
Royale affection. Tous les nour-

riſſons qui prendront le laict, & la viáde des bónes lettres,&de la pieté en ſes Colleges, continuerôt de cháter voſtre los, & faire hóneur à voz cédres,cóme ils ont deja faict. Ie vous y exhorte, ô ieuneſſe de France, & de toute autre nation, qui aimez la vertu. Ie vous y exhorte de tout mon cœur, & vous coniure de dire maintenát de meſme cœur, VIVE & regne le grand HENRI au Ciel ſans meſure de temps,viue ®ne en terre LOVYS treziéme,ſa race à lógue liſte d'ans, de ſucceſſeurs, & de ſiecles ; & deſormais tous les ans, quand le Soleil ayant rempli au Zodiaque la carriere annuelle de ſô ecliptique, aura ramené le iour anniuerſaire du treſpas de ce Prince, le quatorzieme May au cœur du Printemps; iettez à pleines mains les ſacrees feuilles & fleurs ſur ſa tombe, les

meu

*Aux Eſ-
coliers.*

meuriers à sa prudence, les lauriers
à sa vaillance, les oliuiers à sa clemence, les lis à sa candeur, les roses
à son zele, les violettes à son humilité, & les baumes à sa pieté; hono-
rez de vos esprits, & de vos escrits
sa memoire; mariez les vers de vos
poëmes sacrez, aux voix resonná-
tes, aux cordes sonátes, & aux sons
harmonieux; & chantez d'vne ré-
plie & celeste musique, le nom, les
vertus, les proüesses du grád Henry. Chantez sa vie, pleurez sa mort,
& par la vertu & faueur de quelque esprit celeste & volant, faictes
ioindre à vostre assemblée, deux
fois sept tourterelles vefues, & autant de cygnes mourants, qui facent à part vn chœur lugubre, &
plaintif: & apres, que ce mesme esprit aislé face venir les chardon-
nerets, les serins, les calendres, les
linottes, les rossignols, & tous les

L 5

oyfillõs de mufique fans nombre,
qui tiennent deux autres chœurs,
pour concerter de leurs chans auec
vous & auec les Anges, à la loüange du defunct, employant leur
fciéce,& les meilleurs accords que
le liure de la nature leur aura apprins; & fuppliez le Createur des
Cieux, qu'il commande à l'air de
donner en ce mefme iour la rofee
celefte congelee en perles Orien-
tales,laquelle meflee auec les fueil-
les & fleurs de Lis, de giroflees, de
hiacinthes & de rofes , parfeme le
lieu de fa fepulture dru & menu,&
de tout foit faict vn appareil d'vn
obit, & d'vne pompe funebre admirable à celuy duquel a efté admirable la perfonne , la conuerfa-
tion,le Regne , la mort & le fucces
de la mort : & accompagnéz à pre-
fent de vos foufpirs,le dernier fouf-
pir de mon dueil, à ce que ie puiffe

cou

courageusement proferer les dernieres paroles, & dire d'vne voix
forte parmy les sanglots & larmes
de mon ame, à Dieu ô Roy tres-
Chrestien Henry, la perle des Princes Chrestiés, Prince de foy, de loy,
& de merueille & grand restaura-
teur du sceptre François : A-Dieu,
l'honneur des fleurs de lis, le paran-
gon des Roys, tres digne de commander en terre, plus heureux de
regner au Ciel : A-Dieu, ô grand
Henry; A-Dieu, ô Henry grand,
grand en prudence, grand en vaillance, grand en clemence, grand
en pieté : A-Dieu, ô grand en tout.
A tant la voix me faut, & l'halaine
me manque, & ma plume s'arreste
& finit en ces mots: Madame la su-
preme bóté veuille tousiours assis-
ter vos Majestez tres-Chrestiénes,
le Fils & la Mere, la Royale famille,

&

& toute la France de ses æternelles
benedictions. De Rome, ce 12. de
Iuillet, 1610.

De vostre Majesté

TRES-HVMBLE, tres-
obeissant, & tres-
fidele seruiteur, &
subject,

LOVYS RICHEOME.

IE Iean de Lorini de la Compagnie de Iefus tefmoigne auoir leu le liure du R. P. Louys Richeome, intitulé, *Confolation enuoyée à la Royne, &c.* Et n'y auoir trouué chofe quelconque contre noftre Saincte Foy & les bonnes mœurs, ains l'ay iugé fort vtile au public. A Rome le quinziéme Iuillet,1610.

Iean de Lorini.

IE Pierre Madur de la Compaignie de Iefus, fais foy d'auoir leu le mefme liure du R. P. Louys Richeome, auquel ie n'ay rien trouué contraire à L'Eglife Catholique Apoftolique Romaine, mais beaucoup de bône & falutaire doctrine. A Lyon ce 11. Oct. 1610.

Pierre Madur.

VEu l'atteftation des Theologiens, permis d'imprimer ledit liure. A Lyon ce 11. Octobre 1610.

CHALOM V. G.

LEdit Lovys Richeome *a permis
à* Pierre Rigavd, *Marchant Li-
braire de Lyon, d'imprimer le Liure intitulé,*
Consolation envoyee a la Roy-
ne mere dv Roy, et regente en
France, *Sur la mort deplorable du feu
Roy tres-Chrestien de France & de Nauarre,*
Henry IV. *son tref-honoré Seigneur &
Mary. Et ce iufques au terme de fix ans, à
compter du iour que ledict liure fera acheué
d'imprimer: ainfi qu'il eft porté par les lettres du Priuilege donné par fa Majefté, duquel Priuilege il luy faict tranfport durant
ledict terme. Faict à Rome le 15. Iuillet,*
1610.

Lovys Richeome,

www.ingramcontent.com/pod-product-compliance
Ingram Content Group UK Ltd.
Pitfield, Milton Keynes, MK11 3LW, UK
UKHW021634170726
13836UKWH00005B/2188